# INFERNO

"dove il loro verme non muore e il fuoco non si spegne.

Poiché ognuno deve essere salato col fuoco,

e ogni sacrificio deve essere salato col sale."

(Marco 9:48-49)

# INFERNO

Dott. Jaerock Lee

URIM
BOOKS

**INFERNO** di Dott. Jaerock Lee
Pubblicato da Urim Books
235-3, Guro-dong 3, Guro-gu, Seoul, Korea

Tutte le citazioni delle Sacre Scritture - se non ove citato - sono menzionate dalla Nuova Diodati.

Precedenti pubblicazioni in Coreano Urim Books, Seoul, Korea.
Copyright © 2002, ISBN: 89-7557-056-8
Traduzione a cura di Dott. Ester K. Chung Usato con permesso.

*Prima edizione: Aprile 2010*

Editing a cura di Dott. Geumsun Vin
Traduzione in Italiano e Revisione a cura di Elisabatta Alicino Maugeri
Pubblicato in Seoul, Korea da Urim Books (Rappresentato da Seongnam Vin)
Stampato in Seoul, Korea

# Prefazione

*Nella speranza che questo libro servirà da pane di
vita per condurre innumerevoli anime alla salvezza,
e che faccia comprendere appieno l'amore di Dio, il
quale desidera che tutti siano salvati.*

Oggi, se parlate del cielo e dell'inferno, la maggior delle
persone reagisce dicendo cose del tipo: "Come si può credere che
esista l'aldilà nell'era della civiltà scientifica?" oppure "Come fai a
parlare dell'inferno se tu non ci sei mai stato?"; o invece "Solo la
morte sapremo la verità".

Io credo che sia molto meglio conoscere mentre si è in
vita cosa c'è dopo la morte, infatti, conoscere queste cose solo
in seguito all'ultimo respiro sarebbe troppo tardi, perché a
quel punto non si avrà più l'opportunità di rivivere la propria
esistenza. Dopo la morte ci attende solo il giudizio di Dio,
attraverso il quale si raccoglierà quello che si è seminato in questo
mondo.

Con la Bibbia Dio ha già rivelato la via della salvezza,
l'esistenza del cielo, dell'inferno e del Giudizio. Egli ha, inoltre,
manifestato opere meravigliose attraverso molti dei profeti del

Vecchio Testamento e tramite Gesù.

Ancora oggi Dio dimostra di essere vivente e che la Sua parola è verace, tramite la manifestazione di miracoli, di segni e di prodigi.

Eppure, nonostante l'evidenza delle sue opere, i non credenti continuano a rimanere scettici. Anche per questo, negli ultimi anni Dio ha mostrato ai suoi figli l'esistenza del cielo e dell'inferno, incoraggiandoli a scrivere e a testimoniare cosa hanno visto e a divulgare le loro esperienze in tutto il mondo.

Lo stesso Dio d'amore ha rivelato anche a me molti dettagli a proposito del cielo e dell'inferno, spingendomi a proclamare il messaggio dell'imminente ritorno del Signore in tutto il mondo.

Quando predico e parlo delle scene rivoltanti che ho visto nell'Ades, che appartiene all'inferno, vedo la mia congregazione tremare e piangere per le anime che sono cadute nell'Ades e che subiscono tutte quelle crudeli e orribili punizioni.

Le anime dei perduti rimangono nell'Ades fino al giorno del grande giudizio del trono bianco. Dopo il giudizio, i dannati cadranno nel lago di fuoco o in quello di zolfo, dove il castigo sarà di gran lunga peggiore di quello subito nell'Ades.

In questo libro scrivo ciò che Dio mi ha rivelato attraverso lo Spirito Santo, sulla base della Parola di Dio, infatti, avrei anche potuto intitolarlo "Un messaggio d'amore da Dio il Padre che desidera che tutti siano salvati dal peccato, facendo loro sapere in anticipo la miseria eterna che li aspetta in inferno".

Dio ha donato il suo unico Figlio lasciandolo morire sulla

croce per salvare il genere umano, per questo non vuole che nemmeno un'anima cada nelle disgrazie dell'inferno. Infatti, per Lui anche una sola anima ha un immenso valore e per questo si diletta e gioisce insieme agli angeli del cielo ogni volta che un essere umano riceve la salvezza per fede.

Rendo ogni gloria e ringraziamento a Dio che mi ha permesso di pubblicare questo libro, e, spero che leggendolo tu comprenda appieno il cuore di Dio il quale desidera che neanche un solo uomo si perda e cada in inferno.

Inoltre, ti prego, tramite la vera fede, proclama anche tu diligentemente il vangelo a tutte quelle anime che corrono verso l'abisso.

Desidero infine ringraziare Urim Books, tutto lo staff e il direttore editoriale, Geumsun Vin.

Nella speranza che i lettori comprendano che la vita eterna esiste, che il giudizio ci sarà e che possano ricevere la salvezza perfetta.

*Jaerock Lee*

## Introduzione

*Con la preghiera che un gran numero di anime comprenda la miseria dell'inferno, si penta e risalga la via della morte per giungere alla salvezza.*

Lo Spirito Santo ha ispirato il reverendo dr. Jaerock Lee, il pastore fondatore della chiesa Manmin Joong-ang, rivelandogli in dettaglio la vita dopo la morte e quanto sia miserabile vivere all'inferno. Abbiamo raccolto i messaggi e le predicazioni che lui ha fatto su questo tema ed oggi pubblichiamo "Inferno" nella speranza che molti capiscano tali argomenti con più comprensibilità ed accuratezza. Per questo, rendo ogni gloria e ringraziamento a Dio.

Oggi si sta sviluppando una notevole curiosità nei riguardi di argomenti che hanno a che fare con ciò che c'è dopo la morte, anche se, in effetti, con le nostre limitate capacità, ci è impossibile comprendere tutto o trovare le risposte ad ogni domanda a questo riguardo. Questo libro vuole essere un racconto, ampio e vivido, di ciò che c'è stato già parzialmente rivelato nella Bibbia.

"Inferno" ha nove capitoli:

Capitolo 1 "Ma il cielo e l'inferno esistono veramente?"

Un ritratto generale sulla struttura "geografica" del cielo e dell'inferno. Attraverso la parabola di Lazzaro il mendicante, come riportata in Luca 16, saranno illustrati il "seno di Abrahamo" — dove le anime dei salvati del Vecchio Testamento hanno atteso — e "l'Ades" — dove i dannati sono tormentati fino al giorno del giudizio.

Capitolo 2 "La via della salvezza per quelli che non hanno mai udito il vangelo"

Verranno discussi argomenti come il giudizio della coscienza e saranno analizzati parecchi casi: feti mai nati (sia da aborti spontanei che da interruzioni di gravidanza), bambini fino a 5 anni, e giovanissimi dai 6 anni alla pre-adolescenza.

Capitolo 3 "L'Ades e l'identità dei Messaggeri infernali"

Qui sarà illustrato come dopo la morte, i dannati rimangono in un luogo d'attesa per 3 giorni, dopo di che sono mandati in luoghi differenti dell'Ades a seconda della severità dei loro peccati, dove saranno tormentati crudelmente fino al giorno del giudizio. Inoltre, sarà spiegata l'identità degli spiriti maligni che governano sull'Ades.

Capitolo 4 "Le punizioni dell'Ades sui bambini non salvati"

In questo capitolo si analizzerà come anche alcuni bambini, sebbene piccoli e incapaci di distinguere il bene dal male, non ricevono la salvezza. Su di loro sono inflitte punizioni differenti, suddivise per gruppi d'età: feti, lattanti, infanti, di 3-5 anni, di 6-12 anni.

Capitolo 5 "Punizioni per i morti in età adulta"

Mostra le pene inflitte a giovani adulti (dai 13 anni in su, più o meno), e la suddivisione in 4 categorie, secondo la severità dei peccati commessi. Peggiori le trasgressioni, più grandi le punizioni.

Capitolo 6 "Punizioni per chi bestemmia contro lo Spirito Santo"

Ricorda ai lettori che, come è scritto nella Bibbia, ci sono dei peccati imperdonabili, per i quali non c'è pentimento. Inoltre, in questo capitolo sono descritti vari tipi di punizioni attraverso esempi dettagliati.

Capitolo 7 "Salvezza durante la grande tribolazione"

Nel leggere questo capitolo ci si renderà ben conto che oggi viviamo proprio negli ultimi tempi e che il ritorno del Signore è molto vicino. Qui viene spiegato in dettaglio cosa succederà durante e dopo il ritorno di Gesù alle persone rimaste indietro, e che, la salvezza in questo periodo può essere ricevuta, ma solo attraverso il martirio. Chiude la sezione un incoraggiamento a prepararsi come sposa del Signore per poter partecipare al banchetto di nozze di sette anni (e anche per non essere lasciati sulla terra dopo il rapimento).

Capitolo 8 "Le punizioni inflitte in inferno dopo il giudizio universale"

In questa sezione leggerete del giudizio alla fine del millennio, quando i dannati saranno spostati dall'Ades all'inferno, le varie pene che gli saranno fatte subire, il destino degli spiriti maligni e il loro castigo.

Capitolo 9 "Perché l'Iddio d'amore ha preparato l'inferno?"

Il capitolo finale ricorda al lettore quale sia l'entità dell'amore di Dio che è infinito e abbondante, dimostrato attraverso il sacrificio del suo unico Figlio, spiegando dettagliatamente quale sia la ragione e perché Dio ha preparato l'inferno.

"Inferno" è un libro di incoraggiamento che spinge il lettore a conoscere profondamente l'amore di Dio, il quale vuole che tutti ricevano la salvezza e mantengano la fede. Ecco perché questo volume chiude pressandovi a portare il maggior numero di persone possibili sulla strada della salvezza.

Il nostro Dio è pieno di misericordia e compassione, Lui personifica l'amore ed oggi, con il cuore di un Padre che attende il ritorno del figlio, Dio aspetta e desidera ardentemente che ogni uomo, ogni donna, si liberi del proprio peccato e riceva la salvezza.

Ecco perché spero che molti uomini e molte donne nel mondo intero comprendano e realizzino la miserabilità dell'inferno — che vi assicuro, esiste — e ritornino a Dio il prima possibile. Prego nel nome di Gesù Cristo che ogni credente sia allerta e rimanga sveglio conducendo più anime che può verso il cielo.

*Geumsun Vin*
Direttore Editoriale

# Indice

# Capitolo 1

# Ma il cielo e l'inferno esistono veramente?

*«Or avvenne che il mendicante morì e fu portato dagli angeli nel seno di Abrahamo; morì anche il ricco e fu sepolto. E, essendo tra i tormenti nell'inferno, alzò gli occhi e vide da lontano Abrahamo e Lazzaro nel suo seno. Allora, gridando, disse: "Padre Abrahamo, abbi pietà di me, e manda Lazzaro a intingere nell'acqua la punta del dito per rinfrescarmi la lingua, perché soffro terribilmente in questa fiamma." Ma Abrahamo disse: "Figlio, ricordati che tu hai ricevuto i tuoi beni durante la tua vita e Lazzaro similmente i mali; ora invece egli è consolato e tu soffri. Oltre a tutto ciò, fra noi e voi è posto un grande baratro, in modo tale che coloro che vorrebbero da qui passare a voi non possono; così pure nessuno può passare di là a noi." Ma quello disse: "Ti prego dunque, o padre, di mandarlo a casa di mio padre, perché io ho cinque fratelli, affinché li avverta severamente, e così non vengano anch'essi in questo luogo di tormento." Abrahamo rispose: "hanno Mosè e i profeti, ascoltino quelli". Quello disse: "No, padre Abrahamo, ma se qualcuno dai morti andrà da loro, si ravvederanno". Allora egli gli disse: "se non ascoltano Mosè e i profeti, non crederanno neppure se uno risuscitasse dai morti"».*

*- Luca 16:22-31*

La maggior parte delle persone ha paura di morire e vive con l'angoscia e l'ansia di perdere la propria vita. Ciononostante, non cerca Dio perché non crede nella vita dopo la morte. Inoltre, anche molti di quelli che professano la loro fede in Cristo, non sembrano vivere una vita di fede. A causa della stoltezza tipica dell'uomo, le persone dubitano e non credono nell'esistenza oltre la fine del corpo, sebbene Dio ci abbia ampiamente rivelato nella Bibbia che c'è un'esistenza dopo la morte, e che ci sono sia il cielo che l'inferno.

La vita dopo la morte esiste, in un mondo spirituale ed invisibile, ecco perché le persone non riescono a comprendere queste cose, a meno che Dio non glielo permetta. Come scritto ripetutamente nella Bibbia, il cielo e l'inferno certamente esistono, ed è per questo motivo che Egli ha rivelato i dettagli del mondo spirituale che verrà a molti credenti in tutto il mondo, permettendo loro di proclamare quanto hanno ricevuto in ogni angolo della terra. Sempre più spesso leggiamo cose simili a queste:

"Il cielo di certo esiste."

"Il cielo è un luogo meraviglioso e affascinante, mentre l'inferno è cupo e miserabile oltre ogni immaginazione. Ti esorto fortemente a credere nell'esistenza della vita dopo la morte."

"Sta a te se andrai in cielo o all'inferno. Per non precipitare in inferno pentiti immediatamente di tutti i tuoi peccati e accetta ora Gesù Cristo!"

"Certamente l'inferno c'è. È il posto dove le persone patiscono il fuoco per sempre. È anche vero che pure il cielo esiste e può essere la tua casa permanente."

Ho iniziato a ricevere spiegazioni sul cielo dall'Iddio d'amore nel Maggio 1984 fino a che, nel Marzo del 2000, Egli ha iniziato a rivelarmi dettagliatamente anche l'inferno. Il Signore mi ha chiesto di divulgare in tutto il mondo ciò che avevo appreso sul cielo e sull'inferno, in modo che nessuno perisca e debba sopportare il lago di fuoco o il lago di zolfo.

Una volta Dio mi permise di vedere un'anima sofferente che si lamentava, piena di rimorsi. Questa anima si trovava nell'Ades, il luogo dove tutti quelli che sono destinati all'inferno attendono in agonia. Riconobbi la persona, era un uomo che conoscevo e che aveva rifiutato di accettare il Signore nonostante i miei molti inviti a farlo. Ciò che segue è la dichiarazione di quest'anima:

"Io conto i giorni.
Io conto, conto, e conto, ma sono senza fine.
Io avrei dovuto accettare Gesù Cristo
quando loro mi parlavano di Lui
Cosa farò ora?

È assolutamente inutile pentirsi adesso,
anche se ora, si che mi pento!
Non so cosa fare.
Vorrei scappare da questa sofferenza ma non so come.

Io conto un giorno, due giorni, e tre giorni.

3

Ma anche se li conto, so che è perfettamente inutile.

Il mio cuore si lacera.

Cosa farò? Cosa farò?

Come posso liberarmi da questo grande dolore?

Cosa farò? Oh, la mia povera anima!

Come potrò sopportare tutto questo"

## Cielo e inferno ci sono davvero

Ebrei 9:27 scrive che: *"E come è stabilito che gli uomini muoiano una sola volta, e dopo ciò viene il giudizio."* Tutti gli uomini, tutte le donne, sono destinati a morire e dopo l'ultimo respiro entreranno in cielo o in inferno, dopo il giudizio.

Dio desidera che tutti arrivino in cielo, perché Lui è amore, infatti, ha preparato Gesù Cristo prima del tempo aprendo così la porta alla salvezza del genere umano. Dio non vuole che neanche una sola anima si perda e vada in inferno.

Romani 5:7-8 proclama che: *"Difficilmente, infatti, qualcuno muore per un giusto; forse qualcuno ardirebbe morire per un uomo dabbene. Ma Dio manifesta il suo amore verso di noi in questo che, mentre eravamo ancora peccatori, Cristo è morto per noi."* Dio ha dimostrato il suo immenso amore per noi donando generosamente il suo unico Figlio.

La porta della salvezza è spalancata, chiunque può accettare Gesù Cristo come personale Salvatore, ricevere la salvezza e andare in cielo. Tuttavia, la maggior parte degli esseri umani non dimostra il minimo interesse verso il cielo o verso l'inferno, sebbene quasi tutti ne abbiano sentito parlare.

Il lato più triste di tutto questo è che molti tra quelli che dichiarano di credere in Dio, purtroppo, amano il mondo e commettono peccati, perché non vivono con la speranza del cielo e non temono l'inferno.

## Dichiarazioni e testimonianze nella Bibbia

Il cielo e l'inferno sono parte di un mondo spirituale che di certo esiste, la Bibbia, infatti, li menziona molte volte, facendo riferimento a uomini che vivevano in questi due luoghi. Ad esempio, nella Parola di Dio, Egli ci racconta di quanto sia miserabile l'inferno, così che possiamo cercare ed ottenere la vita eterna in cielo, in modo da non essere gettati in inferno dopo la morte.

*"Ora, se la tua mano ti è occasione di peccato, tagliala; è meglio per te entrare monco nella vita, che avere due mani e andare nella Geenna, nel fuoco inestinguibile, dove il loro verme non muore e il fuoco non si spegne. E se il tuo piede ti è occasione di peccato, taglialo, è meglio per te entrare zoppo nella vita, che avere due piedi ed essere gettato nella Geenna, nel fuoco inestinguibile, dove il loro verme non muore e il fuoco non si spegne. E se l'occhio tuo ti è occasione di peccato, cavalo; è meglio per te entrare con un occhio solo nella vita, che averne due ed essere gettato nella Geenna del fuoco, dove il loro verme non muore e il fuoco*

*non si spegne. Poiché ognuno deve essere salato col fuoco, e
ogni sacrificio deve essere salato col sale." (Marco 9:43-49)*

Quanti hanno visto l'inferno testimoniano esattamente quello
che la Bibbia proclama, e che: "il loro verme non muore e il fuoco
non si spegne. Poiché ognuno deve essere salato col fuoco."

Non ci sono dubbi: dopo la morte esistono due mondi, uno
è il cielo, l'altro è l'inferno, proprio come li descrive la Bibbia.
Quindi, meglio assicurarti ora che dopo la morte, dopo aver
vissuto secondo la Parola di Dio, entrerai in cielo, cosciente che
l'inferno esiste.

Mai vorrei venire a sapere che tu, lettore, un giorno ti troverai
a lamentarti come quell'anima menzionata un paio di paragrafi
fa, la cui sofferenza è senza fine perché si era rifiutata di accettare
il Signore malgrado le molte opportunità avute per farlo.

In Giovanni 14:11-12 Gesù ci dice: *"Credetemi che io sono
nel Padre e che il Padre è in me, se no, credetemi a motivo delle
opere stesse. In verità, in verità vi dico: chi crede in me farà
anch'egli le opere che io faccio; anzi ne farà di più grandi di
queste, perché io vado al Padre."*

Puoi riconoscere che una certa persona è un uomo di Dio
quando opere potenti oltre ogni capacità umana l'accompagnano,
oltre a dover confermare che anche la sua predicazione è in
accordo con la vera parola di Dio.

Io cerco di divulgare il vangelo di Gesù Cristo organizzando
crociate evangelistiche in tutto il mondo, e attraverso di me,
tante opere potenti di Dio si manifestano. Quando prego nel
nome di Gesù Cristo, moltissime persone credono e ricevono

la salvezza anche a motivo dei miracoli di cui sono testimoni: i ciechi vedono, i muti parlano, gli zoppi stanno in piedi, i morti resuscitano, e molto altro ancora.

In questo modo Dio ha manifestato il suo immenso potere attraverso di me, ma lo ha fatto anche nel rivelarmi il cielo e l'inferno dettagliatamente, perché io potessi proclamare queste cose ai quattro angoli della terra e portare alla salvezza il maggior numero di persone possibili.

Nel nostro tempo si sta verificando uno strano fenomeno, molte persone, infatti, sono attratte dalla vita dopo la morte, sono curiose del mondo spirituale in genere. Ciononostante, è impossibile comprendere il mondo spirituale in modo chiaro e corretto solo perché si è desiderosi di conoscerlo o ci si sforza di comprenderlo. Per imparare sul cielo e sull'inferno bisogna cominciare dalla Bibbia. Tuttavia, tutto diverrà chiaro per voi solo quando, dietro l'ispirazione dello Spirito Santo che conosce ogni cosa, Dio vi spiegherà tutto. (1 Corinzi 2:10)

Spero molto che crediate alla mia descrizione dell'inferno, che si basa interamente sulla descrizione biblica, perché Dio in persona mi ha spiegato tutte queste cose, mentre lo Spirito Santo mi ispirava a conoscerle profondamente.

## Perché proclamare il giudizio di Dio e la punizione dell'inferno

Quando nelle mie predicazioni parlo dell'inferno, noto che le reazioni di chi ascolta sono di varia natura. Quelli con una fede ferma vengono incoraggiati dallo Spirito Santo e ascoltano tutto, senza alcuna paura, spesso piangono e intercedono per le anime di quanti ancora non conoscono il Signore. Altri invece, si irrigidiscono e si fanno prendere dalla tensione e la loro risposta affermativa, gli "Amen" o i "Sì", gradualmente si affievolisce durante il sermone.

Accade anche che quelli con una fede molto debole decidano di non frequentare più i servizi di adorazione per un po', o addirittura di lasciare la chiesa. Si fanno prendere dalla paura piuttosto che riaffermare la propria fede con la speranza del cielo.

Ciononostante, io devo spiegare ciò che ho ricevuto a proposito dell'inferno, perché conosco il cuore di Dio e quanto Egli si preoccupi per quelli che percorrono la propria vita proiettati verso l'inferno, che vivono nelle tenebre, o di quanti si dicono credenti ma si compromettono con il mondo.

Ecco perché ho deciso di condividere quello che ho ricevuto sull'inferno, ogni dettaglio, tutto, in modo che i figli di Dio possano dimorare nella luce e abbandonare le tenebre. Sappiate che è abbastanza normale sentirsi a disagio e provare del timore quando si ascoltano messaggi che parlano del giudizio di Dio e delle punizioni infernali. Tenete a mente anche, però, quanto Dio desideri che i suoi figli si pentano ed entrino nel cielo.

## La parabola dell'uomo ricco e di Lazzaro il mendicante

Luca 16:19-31 ci racconta di un uomo ricco e di un certo Lazzaro. Entrambi morirono, entrambi si trovavano in una tomba, sebbene le situazioni e le condizioni dell'uno e dell'altro fossero drasticamente diverse.

Erano in due luoghi separati e lontanissimi, divisi da un baratro profondissimo: il ricco era in grande tormento, circondato dal fuoco, mentre Lazzaro si trovava nel seno d'Abrahamo.

Ai tempi del Vecchio Testamento, il giudizio di Dio era portato a termine secondo la legge di Mosè. Da un lato il ricco veniva punito con il fuoco perché non aveva creduto in Dio. Tutto il lusso di cui si era circondato non era valso a nulla, non serviva ad alleviare le sue tremende sofferenze. Dall'altro, Lazzaro, il mendicante, godeva di un riposo eterno perché in vita aveva creduto in Dio malgrado fosse stato molto malato e costretto a cibarsi degli avanzi che cadevano dalla tavola del ricco.

## La vita dopo la morte determinata secondo il giudizio di Dio

Sempre nel Vecchio Testamento, possiamo leggere le dichiarazioni degli antenati della fede - incluso Giacobbe -, i quali dichiaravano che dopo la morte sarebbero scesi in quella che loro chiamavano semplicemente *"tomba"* o *"Sceol"* (Genesi 37:35; Giobbe 7:9). Korah ed i suoi uomini, ad esempio, dopo essersi ribellati a Mosè, furono trascinati in questa *"tomba"* vivi a motivo dell'ira di Dio. (Numeri 16:33).

Nel Vecchio Testamento è menzionato anche l'Ades o il luogo inferiore della *"tomba"* perché questa *"tomba"* si divideva in due parti: la *"tomba superiore"* (o seno di Abrahamo) —

appartenente ai cieli — e *"l'Ades"* come anticamera dell'inferno.

Da questo siamo in grado di comprendere che Giacobbe, Giobbe e Lazzaro, dopo la morte andarono nella *"tomba superiore"*, nell'anticamera del regno dei cieli, mentre Korah, i suoi uomini e l'uomo ricco di Luca 16, furono mandati nell'Ades, il soggiorno dei morti, l'anticamera dell'inferno.

La vita dopo la morte esiste e tutti gli uomini e tutte le donne sono destinanti al cielo o all'inferno, secondo il giudizio di Dio. Ecco perché vi esorto a credere in Dio, così che possiate salvarvi dall'inferno!

## La struttura del cielo e dell'inferno

Nel descrivere il cielo e l'inferno, la Bibbia utilizza una rosa di nomi abbastanza vasta, e da questo è facile comprendere che sono due luoghi precisamente diversi e di certo separati.

In riferimento ai cieli, infatti, la Bibbia usa *"seno di Abrahamo"*, *"tomba superiore"*, *"paradiso"*, *"Nuova Gerusalemme"* e altri ancora, perché il regno dei cieli, la residenza eterna dei redenti, è suddiviso in molti luoghi differenti.

Come ho spiegato nel mio libro "La misura della fede" e in *"Cielo I"* e *"Cielo II"*, si può vivere nel regno dei cieli ma in luoghi differenti, più o meno vicini al trono di Dio a seconda di quanto si è stati trasformati a sua immagine. Ci sono poi anche il Primo, il Secondo e il Terzo Regno, qui risiedono i redenti in base alla loro misura di fede. I salvati per il fuoco abiteranno nel paradiso.

Anche la sede eterna dei dannati e degli spiriti maligni ha diverse terminologie: *"Ades"*, *"lago di fuoco"*, *"lago di zolfo"* o *"abisso"*. Così, proprio come il regno dei cieli si divide in molti luoghi, anche l'inferno è suddiviso in posti differenti ed ogni anima risiede in uno o nell'altro a seconda della misura delle opere del peccato che ha generato durante la vita in questo mondo.

## Struttura geografica del cielo e dell'inferno

Per comprendere meglio la struttura del cielo e dell'inferno immaginate un diamante, la forma di un diamante intendo ◇.

Supponete di tagliare questa figura a metà, ne ricavereste due triangoli, uno normale △ e l'altro sottosopra ▽.

Supponiamo che il triangolo normale sia il cielo △ n.1 e quello con la base rovesciata sia l'inferno ▽ n.2 .

La parte superiore del triangolo n. 1 △ (del cielo), corrisponde alla Nuova Gerusalemme, la parte inferiore al seno d'Abrahamo.

In altre parole, sopra il seno d'Abrahamo, sono posizionati il Paradiso, il Primo Regno, il Secondo Regno, il Terzo Regno, e la Nuova Gerusalemme. Però, non voglio che pensiate al regno dei cieli come ad una serie di piani sovrapposti, non sono come quelli di un palazzo per intenderci. E' impossibile poter spiegare il mondo spirituale o tracciare una linea per delineare una forma come faremmo nel nostro mondo. Illustro queste cose in questo modo per farsì che la gente, fatta di carne ed ossa, comprenda il cielo un po' più chiaramente.

Seguendo la descrizione su questa linea, alla parte superiore del triangolo n.1, △ corrisponde la Nuova Gerusalemme, mentre alla parte inferiore, corrisponde il seno d'Abrahamo. In altre parole, più in alto si va, migliore è il regno dei cieli in corrispondenza della vicinanza al trono di Dio.

Per l'altra figura, la n.2, il triangolo rovesciato ▽, la parte superiore, che poi è anche la più estesa, corrisponde all'Ades. Più ci si avvicina al fondo, più si è vicini al lago di fuoco, al lago di zolfo e all'abisso. Quando Luca e l'Apocalisse parlano di "abisso" è a questo luogo che fanno riferimento, alla parte più profonda dell'inferno.

Nel triangolo n.1 △, l'area superiore è parecchio più piccola di quella inferiore, dal paradiso alla Nuova Gerusalemme. Questa rappresentazione ci permette di comprendere che il numero di quelli che entreranno nella Nuova Gerusalemme sarà relativamente inferiore al numero di quelli che vivranno nel paradiso e nel primo, secondo e terzo cielo. Questo perché nella Nuova Gerusalemme potranno risiedere solo quelli che hanno compiuto la santificazione, santificando il proprio cuore, seguendo il cuore del Padre.

Come risulterà chiaro nell'osservare la figura n.2 ▽, le persone che andranno nella parte inferiore e più terribile dell'inferno sono molte di meno se confrontate con la parte più alta.

Ecco perché il cielo e l'inferno possono essere in qualche modo rappresentati con la forma di un diamante ◇, ciò detto, non voglio in nessun modo che assumiate l'idea che il cielo ha la forma di un triangolo e l'inferno quella di un triangolo rovesciato.

## Un grande baratro separa il cielo e l'inferno

Il cielo e l'inferno non sono adiacenti, ma distanti anni luce l'uno dall'altro, separati da un baratro infinito.

Dio ha messo i limiti e creato il confine, in modo chiaro ed evidente, così che nessuna anima potesse fare avanti e indietro tra cielo e inferno e viceversa. Solo in rare occasioni e su autorizzazione divina è possibile vedersi e parlare tra i due mondi, come nel caso di Lazzaro e del ricco o come fece Abrahamo.

Lo ribadisco, tra i due ipotetici triangoli c'è un baratro immenso.

Nessuno può andare e venire, fare avanti e indietro tra i due regni, a meno che Dio non lo permetta, in qual caso, i residenti del cielo e dell'inferno possono vedersi o parlarsi, nonostante la distanza interminabile che li separa. Per comprendere meglio questo concetto pensate agli spazi che separano i continenti sulla terra, e che a motivo del rapido avanzamento tecnologico, questi spazi talvolta sono azzerati, attraverso il telefono o addirittura per le videochiamate o le chiamate satellitari.

Quindi, sebbene sia presente un baratro tra il cielo e l'inferno, con il permesso di Dio al ricco fu data la possibilità di vedere Lazzaro che riposava nel seno di Abrahamo e ad Abrahamo di rispondergli.

## Il seno d'Abrahamo e il Paradiso

Per essere precisi, il seno d'Abrahamo non è parte del regno dei cieli, ma come l'Ades è in qualche modo parte dell'inferno, così il seno d'Abrahamo appartiene al cielo. Il ruolo del seno d'Abrahamo ha subito una trasformazione dal Vecchio Testamento al Nuovo Testamento.

### Il seno d'Abrahamo al tempo del Vecchio Testamento

Al tempo del Vecchio Testamento, le anime dei redenti aspettavano nella "tomba superiore" o nello "Sceol". Abrahamo, il padre della fede, è stato incaricato di questo luogo e per questo nella Bibbia questo spazio ha preso il suo nome.

Tuttavia, dopo la resurrezione e l'ascensione del Signore Gesù Cristo, le anime dei redenti non vengono più fatte aspettare nel seno d'Abrahamo ma sono trasferite nel paradiso, dove il Signore regna. Ecco perché in Luca 23:43 Gesù dice: *"Allora Gesù gli disse: «In verità ti dico: oggi tu sarai con me in paradiso»."*

Vi chiedo, Gesù, è andato immediatamente in paradiso dopo la crocifissione? 1 Pietro 3:18-19 ci dice che: *"...perché anche Cristo ha sofferto una volta per i peccati, il giusto per gl'ingiusti, per condurci a Dio. Fu messo a morte nella carne, ma vivificato dallo Spirito, nel quale egli andò anche a predicare agli spiriti che erano in carcere."* Da questo verso si evince che Gesù predicò il vangelo a quelli che erano in carcere, alle anime che attendevano nel seno di Abrahamo, ma di questo parlo dettagliatamente nel capitolo 2.

Gesù, che ha predicato il vangelo per 3 giorni nel seno d'Abrahamo, ha da questo luogo condotto delle anime in paradiso quando resuscitò e ascese al cielo, ed oggi, Egli sta preparando un luogo per noi nel cielo: *"...io vado a prepararvi un posto."* (Giovanni 14:2).

## Il paradiso nel Nuovo Testamento

Dal momento che Gesù ha spalancato le porte della salvezza, le anime dei redenti non restano più nel seno d'Abrahamo, ma in paradiso, che è il luogo d'attesa per il cielo fino alla fine della coltivazione umana. Poi, dopo il giudizio universale, ognuno sarà condotto presso il proprio luogo di dimora secondo la propria misura di fede, per vivere nel regno dei cieli per sempre.

Tutti i redenti, ora che viviamo nei tempi del Nuovo Testamento, attendono nel paradiso, ma proprio tutti, da Adamo fino ai nostri giorni. Alcuni si chiedono come sia possibile che il paradiso possa ospitare un numero di persone così grande, e mi chiedono: "Pastore Lee, come fanno a stare tutte queste persone nel paradiso? Pensi sia abbastanza grande da contenere tutti?"

Pensate al sistema solare, un sassolino se paragonato alla

galassia. Immaginate l'estensione della galassia, forse non riuscite nemmeno, bene, adesso pensate che la nostra galassia è un semino se accostata con l'intero universo. Ora, riuscite a figurare nella vostra mente quanto sia grande l'intero universo?

Inoltre, pensate che l'universo in cui noi viviamo è soltanto uno dei tanti, quindi, la vastità degli universi va ben oltre la nostra immaginazione. Per cui, se non riusciamo a scandagliare la vastità del nostro universo fisico, come potremmo possibilmente comprendere l'immensità del regno dei cieli che appartiene al mondo spirituale?

Il paradiso unicamente è infinitamente spazioso, lontanissimo dal luogo successivo che è il primo regno dei cieli che si estende dall'orlo del paradiso in su. Quindi, ora, pensate ancora che il paradiso non possa contenere tutti i redenti della storia mentre aspettano il giudizio universale?

## In paradiso le anime crescono in conoscenza spirituale

Sebbene il paradiso sia il luogo dove si attende per essere condotti nel regno dei cieli, non è affatto noioso o troppo affollato. Al contrario, è talmente meraviglioso da non reggere il confronto neanche con lo scenario più spettacolare presente su questa terra.

Le anime che attendono nel paradiso passano i loro giorni ad apprendere, a crescere in comprensione delle cose spirituali tramite i profeti, imparando nuove realtà su Dio e sul cielo, sulle leggi spirituali e su questo nuovo mondo: non c'è limite alla conoscenza spirituale. Studiare nel cielo è ben diverso da studiare in questo mondo, non è né difficile né noioso, più si conosce, maggiori sono la grazia e la gioia che si ricevono.

Anche qui sulla terra, soprattutto per i puri e i gentili di cuore, si può crescere nella conoscenza spirituale attraverso la comunione con Dio, si può comprendere molto attraverso l'ispirazione dello Spirito Santo, vedere con gli occhi spirituali, sperimentare il potere di Dio attraverso la comprensione delle leggi dello spirito e della fede e ricevere da Lui le risposte alle preghiere in base alla circoncisione del proprio cuore.

Quando crescete nella conoscenza del mondo spirituale, ora che siete sulla terra, non vi sentite più felici? Certo che sì. Immaginate che soddisfazione e che gioia crescere nella conoscenza spirituale direttamente in paradiso, che appartiene proprio al regno dei cieli!

Ma i profeti che insegnano nel paradiso, ora dove vivono? In paradiso? No. Le anime dei redenti qualificate a vivere nella Nuova Gerusalemme non aspettano in paradiso ma risiedono da subito nella Città Santa, aiutano Dio a "prepararci il luogo".

Abrahamo era stato incaricato del luogo d'attesa prima della morte di Gesù, ma, dopo la resurrezione e l'ascesa al cielo del Signore, anche il padre della fede fu inviato nella Nuova Gerusalemme, perché il suo compito era finito. Ma allora, quando ancora Gesù non era stato crocifisso, dove vivevano Mosè ed Elia? Vivevano già nella Nuova Gerusalemme, in quanto già qualificati a vivere nella Città Santa. (Matteo 17:1-3).

## Il luogo d'attesa al tempo del Nuovo Testamento

Forse vi sarà capitato di vedere dei film dove il protagonista muore, la sua anima si separa dal corpo ed è costretta a seguire o degli angeli o dei messaggeri infernali. Questo non è molto differente dalla realtà, infatti, quando un nato di nuovo muore, la sua anima è presa e portata nel regno dei cieli da due angeli vestiti di bianco.

Conoscere queste cose ci permette di non rimanere sorpresi o scioccati quando anche noi moriremo e il nostro corpo sarà separato dall'anima.

Essere divisi dal proprio corpo fisico improvvisamente, all'inizio produrrà una sensazione stranissima, non molto piacevole, perché questo nuovo stato è radicalmente diverso dal precedente. Non si può pensare di passare dal mondo tridimensionale a quello quadri-mensionale senza neanche accorgersene!

L'anima, che da sola è molto leggera, non sentendo il peso del corpo a cui apparteneva fino a quel momento, potrebbe essere tentata di ronzare in giro. Sorge dunque la necessità di imparare alcune cose basilari per rendere meno acuto il passaggio tra il mondo materiale e quello spirituale, ecco perché le anime dei redenti sono fatte sostare per un breve periodo nel seno d'Abrahamo prima di giungere in paradiso.

## L'Ades, il luogo d'attesa sulla via dell'inferno

La parte più alta dell'inferno è l'Ades, seguita, in ordine discendente, dal lago di fuoco, dal lago di zolfo che brucia e dall'abisso, la parte più profonda degli inferi. Le anime dei dannati, sin dall'inizio del tempo non sono mai scese all'inferno ma vivono ancora nell'Ades.

Molte persone credono di aver visto l'inferno o di esserci state, io, però, posso dire loro con certezza che le scene terribili di cui sono state testimoni erano dell'Ades. Le anime dei dannati sono confinate in parti diverse dell'Ades, secondo la gravità dei propri peccati e della loro malvagità. Solo in seguito, dopo il giudizio universale, saranno tutti gettati nel lago di fuoco o nel lago di zolfo.

## La sofferenza dei dannati nell'Ades

In Luca 16:24 le sofferenze inflitte nell'Ades all'uomo ricco, un dannato, sono descritte in modo molto chiaro, tant'è vero che nella sua agonia il ricco chiedeva dell'acqua e si esprimeva in questi termini: *"Padre Abrahamo, abbi pietà di me, e manda Lazzaro a intingere nell'acqua la punta del dito per rinfrescarmi la lingua, perché soffro terribilmente in questa fiamma"*.

Le anime dei dannati sono terrorizzate, e come non esserlo, visto che sono costantemente tormentate, obbligate ad ascoltare le altre anime in agonia nel fuoco che distrugge, prive di qualsiasi speranza, coscienti che finiranno definitivamente all'inferno, dove il verme non muore e il fuoco non si estingue?

L'Ades è un luogo buio come la pece, impregnato di crudeltà e dall'odore terribile dei cadaveri in decomposizione, dove la respirazione è molto difficile e dove, circondate dall'oscurità più nera, le anime dei dannati sono tormentate brutalmente dai messaggeri infernali. Malgrado questo, la punizione dell'inferno è immensamente maggiore di quella dell'Ades.

Dal capitolo 3 in poi descrivo in dettaglio e con esempi specifici quanto sia terrificante l'Ades e quali sono le punizioni insopportabili inflitte nel lago di fuoco e nel lago di zolfo.

## Il rimorso delle anime dannate quando arrivano nell'Ades

Il ricco di Luca 16 non credeva all'esistenza dell'inferno quando era in vita, e, una volta morto e tormentato dal fuoco dell'Ades, cosciente della sua scelleratezza, implorava Abrahamo di inviare Lazzaro per avvertire i suoi fratelli di credere all'inferno e quindi scampare dalla punizione eterna.

> *"Ma quello disse: 'Ti prego dunque, o padre, di mandarlo a casa di mio padre, perché io ho cinque fratelli, affinché li avverta severamente, e così non vengano anch'essi in questo luogo di tormento'. Abrahamo rispose: 'hanno Mosè e i profeti, ascoltino quelli'. Quello disse: 'No, padre Abrahamo, ma se qualcuno dai morti andrà da loro, si ravvedranno'."* (Luca 16:27-30).

Cosa avrebbe detto il ricco ai suoi fratelli, se gli fosse stata data la possibilità di parlare con loro? Qualcosa simile a: "L'inferno esiste davvero! Io lo so per certo, vi imploro, vivete secondo la Parola di Dio, non arrivate in inferno perché è un luogo terribile!"

Quest'uomo, sebbene in agonia e tormento, voleva

sinceramente che i suoi fratelli si salvassero dall'inferno, che gli fosse risparmiata tanta sofferenza, e, in questo, il ricco stava mostrando dei buoni sentimenti. Ma sono tutti così quelli che scendono nell'Ades? E soprattutto, cosa dire degli uomini di oggi?

Dio una volta mi ha mostrato il tormento spaventoso subito da una coppia sposata nell'Ades. Erano stati dei credenti ma avevano abbandonato la chiesa e dimenticato il Signore. Una volta in inferno, si insultavano, si maledicevano e incolpavano a vicenda, si odiavano tanto da volere che sempre maggiore dolore fosse inflitto sull'altro.

Il ricco di Luca 16 voleva che i suoi fratelli scampassero dalla punizione dell'eterna condanna perché il suo cuore si dimostrava in qualche modo benevolo verso di loro, non dimenticatevi però che anche lui fu gettato all'inferno, e che, non si può ricevere la salvezza solo dicendo "io credo" con la bocca.

L'uomo è destinato a morire. Dopo di che, andrà in cielo o all'inferno. Ecco perché vi esorto a non essere stolti e divenire dei veri credenti.

## L'uomo saggio si prepara per la vita dopo la morte

Chi è assennato sa che è meglio essere pronti per l'esistenza che segue la morte, piuttosto che inseguire, come la maggior parte delle persone tanto faticosamente fa, onore, potere, benessere, prosperità e lunga vita.

I saggi accumulano la loro ricchezza in cielo, come consiglia la parola di Dio, perché sanno bene che in ogni caso nulla potrà essere tenuto con sé nella tomba.

Vi sarà capitato di sentire testimonianze di persone che, rapiti in cielo o in visione, non riuscivano a trovare la propria casa celeste, sebbene conducessero una vita diligente e credevano realmente in Dio. Potrai avere una casa grande e bellissima nel cielo se è quello il luogo dove tu accumuli ricchezza mentre sulla terra conduci una vita degna di un figlio di Dio!

Se il tuo pensiero principale è quello di mantenere la fede e di vincere il cielo, se ti stai preparando ad essere la sposa del Signore, stai pure certo che sarai benedetto perché in questo modo il tuo premio celeste sarà grande, anche perché Egli sta per tornare.

Una volta morti, non si può vivere la propria vita di nuovo. Ti supplico quindi, trova la fede necessaria per credere all'esistenza del cielo e dell'inferno perché sono entrambi reali! Inoltre, se sei un credente, avere la consapevolezza che le anime dei dannati saranno tormentate crudelmente e per sempre, dovrebbe spingerti a proclamare il vangelo e il messaggio che il cielo e l'inferno esistono, a chiunque, ma proprio a tutti quelli che incontri. Immagina quanto il Signore si compiacerà di te.

Quelli che proclamano l'amore di Dio, il quale vuole che tutti siano salvati, riceveranno benedizioni in questa vita e splenderanno come il sole anche in cielo.

Spero che tu creda nel Dio vivente che ti giudicherà e ti premierà, sforzandoti di diventare un vero figlio o figlia di Dio, e per questo prego nel nome del Signore che voi possiate condurre quante più persone possibili sulla via della salvezza.

## Capitolo 2

# La via della salvezza per quelli che non hanno mai udito il vangelo

Dio ha dimostrato il suo amore immenso per noi donando il suo unico Figlio, Gesù Cristo, per la salvezza dell'intero genere umano.

Tutti i genitori amano i propri figli e desiderano vederli crescere e maturare fino a poter condividere e comprendere quello che mamma e papà hanno nel cuore, di partecipare sia alle loro gioie che ai loro dolori.

Allo stesso modo, Dio desidera che tutti gli esseri umani giungano alla salvezza e che maturino sufficientemente nella propria fede fino a conoscere il cuore del Padre e condividere amore con Lui. Ecco perché l'apostolo Paolo, parlando di Dio scrive a Timoteo che: *"...[Egli] vuole che tutti gli uomini siano salvati, e che vengano alla conoscenza della verità"*.

A motivo dell'amore che l'Eterno ha per tutti gli uomini, Egli rivela l'inferno e il mondo spirituale in gran dettaglio.

Questo capitolo tratta dettagliatamente un tema rilevante: se sia possibile o meno, per quanti sono morti senza aver mai avuto la possibilità di conoscere Gesù Cristo, essere salvati.

# Giudizio e coscienza

Molti, tra i non cristiani, riconoscono quantomeno l'esistenza di un cielo e di un inferno, ma, non per questo, entreranno nel regno dei cieli.

Come dice Gesù in Giovanni 14:6 *"Io sono la via, la verità e la vita; nessuno viene al Padre se non per mezzo di me"*.

Si può accogliere la redenzione ed entrare nel regno dei cieli solo ed esclusivamente attraverso Gesù Cristo.

Come, quindi, si riceve la salvezza? L'apostolo Paolo in Romani 10:9-10 ci mostra, concretamente, quale sia la via della salute dell'anima:

> *"Poiché se confessi con la tua bocca il Signore Gesù, e credi nel tuo cuore che Dio lo ha risuscitato dai morti, sarai salvato. Col cuore infatti si crede per ottenere giustizia e con la bocca si fa confessione, per ottenere salvezza."*

Supponiamo che ci siano delle persone che non hanno mai sentito parlare di Gesù Cristo, e, di conseguenza, non hanno potuto confessare che *"Gesù Cristo è il Signore"* o credere in Lui con il proprio cuore. E' verosimile dichiarare che nessuno di questi potrà essere salvato?

Pensate a quanti hanno vissuto prima di Gesù, ma anche ai suoi contemporanei, ci sono state tante persone che pur vivendo nel periodo del Nuovo Testamento non hanno mai sentito parlare del vangelo. Che fare con tutti questi? Sono salvati? Sono dannati?

E poi, che destino spetta a quanti muoiono in giovanissima età o a quelli che hanno qualche debilitazione e non sono in grado di riconoscere la fede? E gli aborti spontanei, le interruzioni di gravidanza? Che dire delle anime dei mai nati? Anche loro sono destinati incondizionatamente all'inferno perché non hanno mai dichiarato con la bocca di credere in Gesù Cristo? No, assolutamente no.

Nella Sua giustizia l'Iddio d'amore apre le porte della salvezza per tutte queste anime attraverso il "giudizio della coscienza."

## Quelli che hanno vissuto credendo in un "Dio" e con buona coscienza

In Ecclesiaste 3:11 il Creatore ci ricorda che è stato Lui a mettere nel cuore degli uomini il sentimento dell'eternità, ecco perché le persone dal cuore buono credono che da qualche parte esistano un "Dio" e una vita dopo la morte, temono il cielo e si sforzano di condurre una vita corretta, anche se non hanno mai udito il vangelo. Quindi, nel loro mondo, vivono secondo i precetti del Dio che ritengono tale e di certo, se questi uomini avessero sentito parlare del vangelo, avrebbero accettato il Signore e passato la loro eternità nei cieli.

Ecco perché Dio ha permesso a queste anime di soggiornare nel seno d'Abrahamo fino al giorno in cui Gesù fu crocifisso, dopo di che, Lui in persona li ha condotti alla salvezza annunciando loro il vangelo.

## Il vangelo proclamato nel seno di Abrahamo

La Bibbia dice chiaramente che Gesù rivelò il vangelo nel mondo dei morti dopo essere morto sulla croce.

1 Pietro 3:18-19: *"perché anche Cristo ha sofferto una volta per i peccati, il giusto per gl'ingiusti, per condurci a Dio. Fu messo a morte nella carne, ma vivificato dallo Spirito, nel quale egli andò anche a predicare agli spiriti che erano in carcere."* Gesù proclamò il vangelo alle anime che stavano nel seno d'Abrahamo in modo che anche loro avessero l'opportunità di conoscere il Signore Gesù Cristo e ricevere salvezza attraverso il suo sangue.

Non esiste nessun altro nome dato da Dio per il quale l'uomo riceve salvezza (Atti 4:12), e quindi, per i contemporanei del Nuovo Testamento che non hanno avuto l'opportunità di ascoltare il vangelo, la salvezza è stata offerta tramite il giudizio della coscienza.

L'uomo dal cuore sporco non cerca Dio in nessuno caso, vive nel peccato ed indulge nelle proprie passioni. Dopo la morte, passerà nell'Ades dove vivrà in punizione per poi cadere in inferno dopo il giudizio universale.

## Il giudizio della coscienza

Non c'è uomo che possa giudicare la coscienza di un altro essere umano perché nessuno è in grado di leggere accuratamente il cuore del suo prossimo. Solo Dio scruta il cuore dell'uomo e solo Lui può valutare secondo giustizia.

Romani 2:14-15 spiega perfettamente cos'è il giudizio della coscienza, tutti sanno discernere il bene dal male dimostrando che quanto la legge comanda è scritto nei nostri cuori.

> *"Infatti quando i gentili, che non hanno la legge, fanno per natura le cose della legge, essi, non avendo legge, sono legge a se stessi; questi dimostrano che l'opera della legge è scritta nei loro cuori per la testimonianza che rende la loro coscienza, e perché i loro pensieri si scusano o anche si accusano a vicenda."*

I "buoni" seguono sempre percorsi corretti nel loro cammino di vita, di conseguenza, secondo il principio del giudizio della coscienza, rimangono nel luogo d'attesa per il regno dei cieli per tre giorni durante i quali viene loro illustrato il vangelo, e questo li mette in condizione di ricevere la salvezza.

Se devo pensare ad un esempio di bontà, rettitudine ed esistenza vissuta secondo coscienza, mi viene subito in mente il nome dell'ammiraglio Soonshin Lee. (n.d.e. L'ammiraglio Lee è stato il supremo comandante in forze dell'esercito Coreano, sotto la dinastia di Chosun nel 16mo secolo).

Sebbene sia vissuto senza mai aver saputo dell'esistenza di Gesù Cristo, l'ammiraglio Lee visse in verità, fu sempre leale verso il suo re, servì con sacrificio la sua nazione e le persone che proteggeva, fu fedele verso i suoi genitori e amorevole con i suoi fratelli, non pose mai i propri interessi davanti quelli degli altri, non cercò mai onore, potere e ricchezze.

Esaminando la vita dell'ammiraglio Lee, non si scorge in lui alcuna traccia di malvagità, e, quando fu accusato ingiustamente, accettò l'esilio senza ricercare vendetta. Non protestò mai contro il suo re, nemmeno quando questo gli ordinò di tornare a combattere sebbene fosse stato lui ad esiliarlo. Al contrario, ringraziò il re, rimise in piedi le truppe e si adoperò nello scontro mettendo a repentaglio la sua stessa vita. Vinse, e dopo la battaglia si inginocchiò ringraziando il suo "dio" perché ne riconosceva l'esistenza. Per quale ragione il Signore non dovrebbe lasciarlo entrare nel regno dei cieli?

## Gli esclusi dal giudizio secondo coscienza

Quelli che hanno ascoltato il vangelo e non hanno accettato Gesù potranno essere giudicati secondo coscienza?

Secondo voi, sarebbe equo giudicare secondo coscienza i vostri amici o i vostri parenti che hanno ascoltato il vangelo e non hanno accettato Gesù? E' giusto che non siano salvati se hanno rifiutato il vangelo malgrado tutte le opportunità che hanno avuto per farlo?

Per questo non dovete mai riposare nel vostro lavoro di evangelizzazione, perché è solo attraverso di voi che la gente malvagia, diretta comunque verso l'inferno, avrà la possibilità di ricevere la salvezza.

Ogni figlio di Dio è un debitore del vangelo e ha il dovere di diffondere la buona notizia perché nel giorno del giudizio Dio vi domanderà perché non lo avete mai fatto, perché vi siete trattenuti dal condividere la vostra fede con i vostri genitori, fratelli, familiari amici e tutti gli altri: "...perché non hai evangelizzato i tuoi genitori?"; "...perché non hai evangelizzato i tuoi figli?"; "...perché non hai mai evangelizzato i tuoi amici?".

Se veramente comprendi l'amore di Dio, se dici di capire il Suo amore, allora devi diffondere la buona notizia, in ogni momento della giornata, di giorno e di notte.

Vincere le anime è l'unico modo che abbiamo per smorzare la sete del Signore che alla croce gridava: "Ho sete!", per essere riconoscenti verso il sangue che ha versato!

# Bambini mai nati a causa di aborti spontanei o interruzioni di gravidanza

Cosa succede ai feti, ai bambini mai nati che muoiono a causa di aborti, sia spontanei che provocati? Dopo la morte fisica, ogni essere umano, anche se in forma embrionale, è destinato a vivere in cielo o all'inferno, perché lo spirito dell'uomo, sebbene così piccolo, è comunque eterno e non può essere distrutto.

### Quando viene dato lo spirito al feto?

Solo intorno al sesto mese di gravidanza il feto riceve lo spirito, infatti, secondo la scienza, è al quinto mese dal concepimento che il feto sviluppa le orecchie, gli occhi, le palpebre, ma soprattutto, è in questo periodo (tra il quinto e il sesto mese) che si formano i lobi celebrali che attivano le funzioni encefaliche.

Ecco perché si può sostenere che è intorno al sesto mese

che l'embrione riceve il suo spirito, momento in cui inizia a prendere la forma di un essere umano. Prima di questo tempo, se avviene un aborto o un'interruzione di gravidanza, l'embrione muore e non va da nessuna parte perché il feto senza spirito è paragonabile a un animale, e gli animali non hanno spirito.

Ecclesiaste 3:21 dice: *"Chi sa se lo spirito dei figli degli uomini, sale in alto, e se lo spirito della bestia scende in basso nella terra?"* Lo "spirito dei figli degli uomini" indica la combinazione spirito/anima che è presente nell'uomo, il primo che lo guida verso Dio, la seconda che lo porta a pensare e di conseguenza ad obbedire alla sua Parola. "Lo spirito della bestia", invece, è l'anima, il sistema vitale di un animale che lo fa pensare ed agire.

Si dice che un animale si è "estinto" quando ne muoiono tutti i suoi esemplari, si parla di estinzione o scomparsa, in quanto gli animali muoiono, punto. Così si può dire di un embrione, quando muore, si estingue, scompare, non è più.

## L'interruzione di gravidanza è un peccato terribile, un omicidio in piena regola

Ma se l'embrione non ha ancora cinque mesi, ed è quindi è privo di spirito, si può abortire, è forse un peccato? Assolutamente si! Mai, mai dico, dovreste macchiarvi di una colpa come quella dell'aborto, che sia prima o dopo i cinque mesi. Ricordate: solo Dio governa la vita umana.

Nel Salmo 139:15-16 il salmista scrive: *"Le mie ossa non ti erano nascoste quando fui formato in segreto e intessuto nelle profondità della terra. I tuoi occhi videro la massa informe del mio corpo, e nel tuo libro erano già scritti tutti i giorni che erano stati fissati per me anche se nessuno di essi esisteva ancora.*"

L'Iddio d'amore conosceva ognuno di voi prima ancora che foste formati nell'utero di vostra madre, già aveva piani meravigliosi per voi, progetti così importanti da scriverli nel suo libro. Ecco perché un essere umano, una mera creatura di Dio, non deve controllare nessuna vita, neanche un feto o un embrione che ha meno di cinque mesi.

Abortire è commettere un omicidio, in entrambe le condizioni, viene violata l'autorità di Dio che governa vita e morte, benedizione e maledizione.

Ed in ogni caso, come si può pensare che sia un peccato insignificante togliere la possibilità di vivere a tuo figlio o a tua figlia?

## Retribuzione e conseguenze del peccato

In nessuna circostanza, sia essa difficile o pesante, si deve violare l'autorità divina che governa la vita umana, tantomeno, ricorrere all'aborto nella ricerca del proprio piacere e divertimento. Voglio che comprendiate bene una cosa importantissima: mieterete quello che avete seminato, e pagherete per quello che avete fatto.

Interrompere una gravidanza dopo il sesto mese è maggiormente crudele, equivale ad uccidere un bambino in piena regola, perché è già formato e lo spirito è e già nel suo corpicino.

Se siete dei credenti e praticate un aborto, questo costruisce una muraglia altissima di peccato tra voi e Dio, e come risultato vi raggiungeranno dolori e difficoltà in ogni area della vostra vita, gradualmente vi alienate da Dio e a causa della barriera di trasgressione che ora vi separa da Lui, non siete in grado di risolvere il peccato che lo ha causato finché sarete così lontani da Lui da non essere più in grado di tornare.

Anche per i non credenti non cambia molto, anche loro saranno puniti e raggiunti da difficoltà e prove di ogni tipo se praticano un "feticidio", perché è un omicidio. Un muro di peccato li dividerà da Dio, Lui volterà il viso da loro e abbattere questa barriera di iniquità diventerà quasi impossibile.

## Pentimento completo e distruzione del muro di peccati

Dio ci ha comandato di non condannare nessuno, ma al contrario, di rivelare la sua volontà per il genere umano e condurre alla salvezza tramite il pentimento il maggior numero di anime possibili.

La ragione per cui Dio desidera che i credenti siano a conoscenza di questi fatti terribili sull'aborto è per impedirlo e, se avete commesso questo peccato, per farvi sapere che è possibile abbattere il muro di iniquità che questo peccato ha innalzato fra voi e lui.

Se hai abortito tuo figlio o tua figlia in passato, pentiti, pentiti, pentiti e offri a Dio un'offerta di pace, solo così le difficoltà e i problemi che quest'azione ti ha fatto raccogliere scompariranno e Dio non si ricorderà più dei tuoi peccati.

La severità di ciò che si raccoglie come conseguenza dei propri peccati è diversa caso per caso. Ad esempio, se hai abortito perché eri rimasta incinta a causa di una violenza sessuale, sarai considerata ben diversamente dalla coppia sposata che abortisce un figlio non voluto per ragioni puramente egoistiche.

Se non vuoi il figlio che aspetti per una qualsiasi ragione, rimetti a Dio in preghiera l'embrione che si sta formando nel tuo grembo. Lui saprà cosa fare e agirà in accordo con la tua preghiera.

## Salvezza dei bambini abortiti e rare eccezioni

A sei mesi dal concepimento, sebbene abbia già in sé lo spirito e delle funzioni cerebrali, un feto non è in grado di pensare, comprendere o credere in qualcosa, ed è per questo che Dio riserva la salvezza eterna alla maggior parte di quelli che muoiono in questa condizione, senza riguardi della loro fede o di quella dei loro genitori.

Non ho detto a "tutti" perché ci sono delle rarissime eccezioni.

L'uomo eredita la natura malvagia dei suoi genitori nel momento in cui viene concepito. Se il feto che verrà abortito è figlio di quelli che contendono grandemente con Dio, di generazioni di malvagità su malvagità costruite nel tempo, allora non può essere salvato.

Sto parlando di figli concepiti da maghi o stregoni, (persone che maledicono e profetizzano malattie sugli altri), come ad esempio Hee-bin Jang (n.d.e. Hee-bin Jang era una concubina del re Sook-jong, vissuta intorno alla fine del 17mo secolo in Corea, che, per estrema gelosia maledì la regina moglie del re, trapassando con una freccia un suo ritratto). I figli concepiti da genitori così malvagi non possono essere salvati perché ereditano la natura maligna di chi li genera.

Anche tra quelli che si dichiarano credenti esistono persone estremamente crudeli, che si oppongo e ostacolano l'opera dello Spirito Santo, giudicano, condannano, e a volte, spinti da accecante gelosia, cercano addirittura di uccidere degli uomini di Dio. Se i figli di queste persone vengono abortiti, non possono essere salvati.

Eccezion fatta per questi rari casi, tutti i mai nati sono destinati alla salvezza, ma non vivono in paradiso o per meglio dire, non risiedono nel regno dei cieli, rimarranno nel luogo d'attesa per sempre, anche dopo il giudizio universale, perché non sono stati coltivati su questa terra.

## Il luogo eterno per i mai nati

I feti abortiti, in qualsiasi momento della gravidanza, sia che provengano da un'interruzione di gravidanza che da un aborto spontaneo, sono come dei fogli bianchi, non hanno mai vissuto sulla terra e quindi non sono parte della coltivazione umana. Ecco perché rimangono per sempre nel luogo d'attesa, e nel giorno della resurrezione avranno dei corpi adeguati alla loro condizione.

Questi corpi all'inizio avranno la forma della loro condizione di bambini, ma nel tempo cresceranno fino a diventare come gli altri redenti, avranno anche loro dei corpi celesti eterni.

Questi bambini, anche dopo lo sviluppo del loro corpo spirituale, rimarranno nel luogo d'attesa, crescendo in conoscenza della verità. Per rendere questo concetto comprensibile, pensate alla condizione iniziale di Adamo quando era nel giardino dell'Eden e al suo lungo processo di apprendimento.

Adamo, creato come essere umano, era spirito, anima e corpo, sebbene il suo corpo fosse diverso dal corpo risorto, era come un bambino, ignorante, non conosceva nulla, infatti, Dio impartì ad Adamo la conoscenza spirituale camminando con lui ogni giorno per un lunghissimo periodo di tempo.

Come già sapete, Adamo nell'Eden fu creato senza peccato, ed in questo i bambini mai nati sono diversi da lui, perché hanno comunque ereditato la natura peccaminosa dai loro genitori, appartengono al genere umano. Dal momento della caduta, ogni discendente di Adamo ha ereditato il suo peccato originale, la natura peccaminosa, infatti, si trasmette di padre in figlio.

## Bambini dalla nascita ai 5 anni

La salvezza dei bambini di quest'età dipende dalla fede dei genitori, soprattutto da quella della madre.

Un figlio riceve redenzione se i suoi genitori hanno fede per la sua salvezza, crescendolo in fede (1 Corinzi 7:14). In ogni caso, è vero anche che i figli di genitori senza fede possono essere salvati.

In questo, di nuovo, è dimostrato l'amore di Dio.

In Genesi 25, ad esempio, si legge che Dio già conosceva quale sarebbe stata la vita di Giacobbe ed Esaù, già nel ventre della loro madre, sapeva che il primo avrebbe avuto un futuro molto più grandioso del secondo. L'onnisciente Dio porta alla salvezza tutti i bambini che muoiono prima dei 5 anni, giudicandoli secondo coscienza, perché Lui, sapendo ogni cosa, sa anche che se gli fosse stato dato di vivere più a lungo, avrebbero accettato il Signore e creduto nel vangelo.

In ogni modo, i bambini i cui genitori non hanno fede e che non passano il giudizio di coscienza, cadono inevitabilmente nell'Ades che appartiene all'inferno e saranno per sempre lì tormentati.

Approfondiamo il giudizio di coscienza e la fede dei genitori

La salvezza dei figli dipende in modo quasi totale dalla fede dei loro genitori, ciò non toglie che i figli vanno cresciuti in grazia e secondo il piano di Dio, in modo che non finiscano all'inferno.

Molti anni fa, una coppia di miei conoscenti che non poteva avere bambini, dopo aver pregato e fatto un voto al Signore, ebbe la gioia di un figlio. Purtroppo però, il piccino morì prematuramente in un incidente d'auto.

In preghiera il Signore mi ha rivelato che la causa di questa morte precoce era da ricercarsi nell'affievolirsi della fede dei genitori di questo bimbo che si erano allontanati molto da Lui. Il piccolo, infatti, non fu mai portati all'asilo della chiesa, non imparò mai una canzoncina cristiana di lode (ovviamente gli furono insegnate solo filastrocche e canzoni secolari), perché i suoi genitori si erano dimenticati di Dio e indulgevano nella vita mondana.

Il figlio stava crescendo, e, a causa dell'influenza dei suoi genitori, non avrebbe mai visto la salvezza. Ecco perché, data la situazione, Dio lo richiamò a sé, alla vita eterna, dando ai suoi genitori la possibilità di pentirsi e tornare a Lui. Se i genitori si fossero pentiti e fossero ritornati al Signore prima, di certo Egli non avrebbe usato una misura tanto pesante.

## La responsabilità dei genitori nella crescita spirituale dei figli

La fede dei genitori gioca un ruolo importantissimo nella salvezza dei propri discendenti, infatti, la fede dei bambini non può crescere se l'unico impegno spirituale che i genitori hanno nei confronti dei loro piccoli è quello di parcheggiarli la domenica alla scuola domenicale.

I genitori devono pregare per i loro figli, accertarsi se pregano e adorano in spirito e in verità e con un cuore buono, aiutandoli a condurre una vita di preghiera a casa attraverso il loro stesso esempio.

Ecco perché incoraggio tutti i genitori a mantenere una fede viva in modo, se non altro, che i loro amatissimi figli crescano nel Signore. Benedico le vostre famiglie, e prego che arriviate tutti a godere della gioia della vita eterna in cielo.

# Bambini dai 6 ai 12 anni

Come arrivano alla salvezza i bambini in anni compresi tra i 6 e i 12? Nel periodo che attraversa quest'età, anche se non ancora con una totale comprensione, si è in grado di afferrare il vangelo, si possono prendere decisioni in autonomia, e quindi, anche decidere a cosa e in chi credere.

Io non sto dicendo che i numeri sono uguali per tutti, infatti, il 6/12 è approssimativo, ogni bambino è diverso, in quanto sviluppa e matura in modo differente a seconda del luogo in cui vive e in base a come è fatto crescere. Il fattore importante qui è definire che normalmente, arrivati ai 12 anni, mese più mese meno, i vostri figli sono in grado di credere in Dio in autonomia, con la propria volontà e i propri pensieri.

## Fede personale nonostante la fede dei genitori

Tra i 6 e i 12 anni i bambini dispongono dei mezzi per scegliere la propria fede, e quindi, possono anche ricevere la salvezza in autonomia, a prescindere dal sentimento religioso dei propri genitori.

Se voi non permettete ai vostri figli di crescere nella fede, hanno grosse probabilità di finire all'inferno, come i figli dei non credenti, per i quali ricevere la salvezza da piccoli è molto improbabile.

La ragione per cui qui sto tracciando una divisione tra la salvezza dei bambini/ragazzini e quella che avviene dopo la pubertà è perché attraverso l'infinito amore di Dio, il giudizio della coscienza sarà possibilmente "applicato" al primo gruppo, perché, sebbene possano decidere alcune cose in autonomia, vivono comunque sotto l'influenza dei propri genitori.

Ho visto molti bambini in tenera età accettare il Signore ed essere battezzati con lo Spirito Santo, e poi, a causa delle severe persecuzioni operate da familiari idolatri, dover abbandonare la chiesa. Per questo è importante che comprendano cos'è giusto o sbagliato e scelgano il Signore, appena la ragione glielo consente. In questo modo, potranno mantenere la loro fede in Dio nonostante l'inflessibile opposizione dei genitori o peggio, la persecuzione dell'intera famiglia.

Facciamo un'ipotesi, diciamo che un ragazzino che avrebbe avuto una grande fede se fosse vissuto a lungo, muore molto giovane. Che cosa gli succede? Dio lo condurrà alla salvezza per la legge del giudizio della coscienza perché Egli conosce le profondità del cuore di ognuno, anche quelle del cuore dei ragazzi.

Tuttavia, se un pre-adolescente non accetta il Signore e non passa il giudizio della coscienza, non avrà nessuna ulteriore possibilità di salvezza e vivrà per sempre in inferno.

Per concludere, è bene definire che la salvezza dei ragazzi in età adolescenziale dipende interamente dalla loro fede personale.

## Bambini nati e cresciuti in condizioni ostili e disgraziate

La salvezza di un bimbo, che non è in grado di scegliere in modo autonomo e razionale, dipende in gran parte dai suoi antenati, dal loro spirito, dalla loro natura, forza ed energia.

Conosciamo casi di possessione demoniaca o demenza mentale di bambini appena nati a motivo dell'idolatria praticata dalla famiglia di appartenenza o dei suoi avi. E' inevitabile, infatti, ognuno nasce sotto la linea d'influenza spirituale dei propri genitori e dei propri predecessori.

A tale proposito, Deuteronomio 5:9-10 ci avverte:

> *"Non ti prostrerai davanti a loro e non le servirai, perché io, l'Eterno, il tuo DIO, sono un Dio geloso che punisco l'iniquità dei padri sui figli fino alla terza e alla quarta generazione di quelli che mi odiano, ma uso benignità a migliaia verso quelli che mi amano e osservano i miei comandamenti."*

e poi 1 Corinzi 7:14:

> *"perché il marito non credente è santificato nella moglie, e la moglie non credente è santificata nel marito, altrimenti i vostri figli sarebbero immondi; ora invece sono santi."*

**Ecco perché è molto difficile che bambini figli di non credenti ricevano la salvezza.**

Dio è amore, e quindi si fa trovare da tutti quelli che chiamano il suo nome, anche se ereditano la natura malvagia della propria famiglia. Tutti, anche loro, possono ricevere la salvezza perché Egli risponde alla preghiera del pentimento, mostra grazia verso quelli che si sforzano di vivere secondo la sua Parola e lo cercano in ogni tempo.

Ebrei 11:6 dice che: *"senza fede è impossibile piacergli, perché chi si accosta a Dio deve credere che egli è, e che egli è il rimuneratore di quelli che lo cercano."*

Anche se la vostra famiglia di origine vi ha trasmesso un'eredità perversa, Dio può trasformare questa natura malvagia, salvandovi se lo cercate e trovate il vostro piacere nelle sue vie, con azioni e sacrifici di fede.

## Quelli incapaci di cercare Dio da soli

Che futuro eterno si prospetta per quanti non possono cercare Dio in fede a causa di disordini mentali o possessioni demoniache?

In questi casi, di nuovo la famiglia deve avere fede per conto dei propri cari, portandoli davanti a Dio, il cui amore concederà la salvezza a queste povere persone, vedendo la loro fede e sincerità.

La colpa di un figlio che muore senza la possibilità della salvezza è da addossare interamente ai suoi genitori, ecco perché non mi stancherò mai di ripetere che una fede viva è fondamentale non solo per sé stessi ma anche per la propria progenie.

Voi sapete bene che per il cuore d'amore di Dio un'anima vale più del mondo intero, per questo vi incoraggio ad essere generosi, dimostrando amore e vegliando in fede non solo sopra i vostri figli, ma anche su quelli dei vostri vicini e dei vostri parenti.

# E la salvezza di Adamo ed Eva?

Il primo uomo e la prima donna furono cacciati dal giardino dell'Eden sulla terra dopo aver disobbedito mangiando dall'albero del bene e del male. Adamo ed Eva non ascoltarono mai il vangelo. Prima di scoprire se ricevettero la salvezza, però, vorrei spiegare alcune cose.

## La disobbedienza di Adamo ed Eva nei confronti di Dio

In principio Dio creò Adamo ed Eva a sua immagine. Egli li amò grandemente, provvedendo per loro ogni possibile cosa in modo che vivessero una vita più che abbondante e per questo li mise nel giardino dell'Eden, dove ad Adamo e ad Eva non mancava niente.

Non solo, Dio diede ad Adamo il potere di governare su tutto l'universo, su ogni essere vivente della terra, del cielo e del mare, tant'è vero che Satana non aveva neanche il coraggio di entrare nel giardino proprio perché era sotto la leadership di Adamo.

Dio camminava ogni giorno con loro, insegnandogli tutto quello che c'era da sapere sul mondo spirituale, con amore e gentilezza, proprio come un padre fa con i figli. Adamo ed Eva non avevano bisogno di nulla, eppure furono tentati dal serpente astuto e mangiarono il frutto proibito.

Fu così che conobbero la morte in accordo alla Parola data loro da Dio (Genesi 2:17), in altre parole, il loro spirito morì. Ecco perché furono cacciati dal giardino e situati sulla terra, dove iniziò la coltivazione umana, e a causa della loro maledizione, tutto sulla terra fu maledetto.

Molti pensano che Adamo ed Eva non poterono ricevere alcuna espiazione proprio a causa della maledizione che portarono sulla terra e su tutti i loro discendenti, io però, credo che l'Iddio d'amore abbia lasciato aperta anche per loro la porta della salvezza.

## Il pentimento di Adamo ed Eva

Dio ti perdona se ti penti sinceramente con il cuore e ritorni a Lui, non importa quanti peccati hai commesso in questo mondo pieno di tenebre e malvagità e a prescindere dal peccato originale che ogni uomo ha ereditato da Adamo. Lui ti perdona, anche se sei un omicida, se il tuo pentimento viene dal cuore.

Se vogliamo paragonare il cuore degli uomini di oggi a quello di Adamo ed Eva, penso che anche voi sarete d'accordo con me nell'affermare che il loro era ben più tenero e puro. Inoltre, Dio in persona, con amore e tenerezza, fu il loro insegnante per un periodo lunghissimo di tempo, e quindi, come avrebbe potuto mandarli all'inferno senza neanche dare loro la possibilità di pentirsi e perdonarli?

Sulla terra Adamo ed Eva soffrirono molto. Avevano vissuto in pace e abbondanza in Eden, ed ora, per mangiare dovevano sudare e affaticarsi, inoltre Eva per avere figli era costretta a patire grande dolore. Quante lacrime avranno versato, e quanta sofferenza come risultato dei loro peccati. E se ciò non fosse stato abbastanza, subirono anche la perdita di un figlio per mano dell'altro!

Quanto gli deve essere mancata la vita sotto la protezione dell'Altissimo nel giardino! Vivendo in Eden non erano in grado di comprendere la felicità che possedevano, forse non avevano neanche mai ringraziato Dio perché davano tutto per scontato: la felicità, l'abbondanza e l'amore.

Ora invece capivano, sapevano, conoscevano la differenza tra la vita con Dio e quella che si erano scelti, e anche in questa condizione, di certo Lo ringraziarono per aver loro concesso quella vita e dimostrato tanto amore in passato. Ecco perché, alla fine, sono certo che si pentirono sinceramente dei loro peccati.

## Dio aprì la porta della salvezza per Adamo ed Eva

La ricompensa del peccato è la morte, ma Dio, che governa con amore e giustizia, perdona chiunque si penta sinceramente. Per questo permise ad Adamo ed Eva di entrare nei cieli, ma, essendo Lui anche un Dio giusto, li farà vivere in paradiso, al pari di quelli "salvati per il fuoco". Infatti, il peccato di cui si sono macchiati — aver dato per scontato l'amore di Dio — non poteva non avere conseguenze. Di fatto, a causa della loro disobbedienza, sono responsabili di tutta la coltivazione degli esseri umani come la conosciamo noi oggi, della sofferenza, del dolore e della morte stessa di tutti i loro discendenti.

La provvidenza di Dio ha permesso ad Adamo ed Eva di scegliere se mangiare o no dall'albero della conoscenza del bene e del male, ma quest'atto di disobbedienza ha causato la sofferenza e la morte di un numero infinito di esseri umani. Ecco perché Adamo ed Eva hanno ricevuto la salvezza, ma vivranno per sempre in paradiso, senza nessun premio o ricompensa celesti.

## Dio opera in amorevolezza e rettitudine

L'amore e la giustizia di Dio sono particolarmente manifeste attraverso la storia dell'apostolo Paolo.

Paolo era il capo dei persecutori dei cristiani, tant'è che la sua principale occupazione era quella di portare in carcere più credenti possibili, tant'è vero che fu testimone felice in prima linea della lapidazione di Stefano, il primo martire.

Tutto questo mentre non conosceva correttamente Gesù.

Non passò molto dal martirio di Stefano che Paolo incontrò il Signore sulla via di Damasco e lo accettò. Poco dopo Egli gli rivelò che sarebbe stato l'apostolo dei gentili ed avrebbe sofferto molto. Da questo momento in poi Paolo si pentì e sacrificò il resto della sua vita al Signore.

L'apostolo ha compiuto con gioia la sua missione nonostante le sofferenze, fu fedele fino a perdere la vita per il suo Signore, e per questo, è già entrato e risiede nella Nuova Gerusalemme.

Le stesse leggi che governano la natura di questo mondo — si raccoglie ciò che si è seminato — regolano anche il mondo spirituale. Se avrai seminato bontà, raccoglierai bontà, se hai seminato cattiveria, cattiveria raccoglierai.

Esaminando la vita di Paolo, quindi, spero che il tuo cuore comprenda quanto sia necessario vigilare sulla tua propria vita, perché ciò che hai seminato in passato ti seguirà, quello che semini ora lo raccoglierai dopo, anche se sei stato perdonato e ti sei pentito seriamente.

# Cos'è successo a Caino, il primo assassino?

In questi paragrafi esamineremo il caso di Caino, il primo omicida. Anche a lui non fu mai annunciato il vangelo e vedremo se è stato possibile giudicarlo secondo coscienza.

### Caino e Abele offrono a Dio dei sacrifici

Dopo essere stati mandati via dal giardino dell'Eden, Adamo ed Eva ebbero due figli: il primogenito si chiamava Caino, il secondo Abele. Crescendo, impararono ad offrire delle offerte sacrificali all'Eterno. Caino che era un coltivatore, offriva a Dio frutti della terra, mentre Abele, che portava gli animali a pascolare, Gli offriva grosse porzioni di grasso provenienti dai primogeniti del suo gregge.

Dio vide con favore l'offerta di Abele ma non quella di Caino. Ma perché?

Dio desidera ricevere solo sacrifici che gli sono offerti secondo quella che è la sua volontà e le leggi spirituali, vale a dire, oblazioni con il sangue, l'unico sacrificio attraverso il quale ricevere il perdono dei peccati.

I sacrifici spirituali, oggi, sono l'adorazione di Dio in spirito e verità. Solo così il tuo sacrificio sarà accettato con piacere, le tue preghiere riceveranno risposta e benedizioni ti seguiranno. Se pensi di aver adorato solo perché eri presente al servizio di adorazione, tra il sonnecchiante e l'assente, sappi che la tua "adorazione" non è stata affatto tale.

## Solo l'offerta di Abele ottenne il favore di Dio

Adamo ed Eva, naturalmente, conoscevano bene le leggi spirituali riguardo ai sacrifici e alle offerte perché Dio in persona nel giardino gli aveva insegnato tutto, di conseguenza, è abbastanza logico immaginare che abbiano istruito i loro figli su come presentare un'oblazione appropriata all'Eterno.

Da un lato Abele adorò Dio con un sacrificio di sangue, in obbedienza a ciò che i suoi genitori gli avevano insegnato, dall'altro Caino, di testa sua, indifferente, portò all'Eterno frutti della terra invece di un'offerta sacrificale.

A proposito di questo episodio, l'autore della lettera agli Ebrei scrive: *"Per fede Abele offrì a Dio un sacrificio più eccellente di quello di Caino; per essa egli ricevette la testimonianza che era giusto, quando Dio attestò di gradire le sue offerte; e per mezzo di essa benché morto, egli parla ancora."* (Ebrei 11:4).

In pratica Dio gradì l'oblazione di Abele a motivo della sua obbedienza e della sua fede, ma rifiutò quella di Caino perché non era stata offerta in spirito e verità ma secondo i suoi personalissimi pensieri e criteri.

## Caino uccise Abele mosso da invidia

Nel constatare che Dio aveva accettato soltanto l'offerta di suo fratello, Caino si adirò moltissimo, addirittura l'espressione del suo viso cambiò, finché arrivò ad attaccare Abel uccidendolo.

Non era passata che una sola generazione dall'inizio della coltura umana sulla terra, che la disobbedienza generò invidia, l'invidia fece nascere l'avidità, l'avidità partorì l'odio e l'odio concepì l'omicidio. Quant'è terribile tutto ciò?

L'escalation di contaminazione del peccato nel cuore dell'uomo è rapida ed esponenziale. Ecco perché non dovete lasciare che nulla si insinui nel vostro cuore, neanche i cosiddetti "peccatucci", le trasgressioni minori. Se questo avviene, rimuovete immediatamente il peccato da voi!

Ma cosa successe a Caino, il primo assassino della storia? Molti sono convinti che per lui non ci sia stata salvezza, anche perché ha ucciso Abele, un uomo giusto nonché suo fratello.

Caino conosceva bene Dio attraverso il racconto di Adamo e di Eva, non aveva un cuore malvagio, sebbene avesse ereditato il peccato originale dai suoi genitori, era comunque in una condizione relativamente leggera rispetto a quella degli uomini dei nostri giorni. Commise un delitto mosso da un istante di profonda invidia, ma la sua coscienza non era così insudiciata.

Ecco perché sebbene abbia commesso un peccato terribile come l'omicidio, Caino fu in grado di pentirsi, anche attraverso la punizione che Dio gli riservò, infatti Lui gli mostrò misericordia.

## Il pentimento reale di Caino gli procurò la salvezza

Genesi 4:13-15 racconta che dopo essere stato maledetto e costretto a vagare sulla terra da solo, Caino implorò la misericordia di Dio, perché la sua punizione era troppo pesante da portare. Ecco cosa gli rispose l'Eterno: *"Perciò, chiunque ucciderà Caino, egli sarà punito sette volte. E l'Eterno mise un segno su Caino affinché nessuno trovandolo, lo uccidesse."*

In questo verso è racchiusa la verità del pentimento di Caino, infatti, senza pentimento reale, come avrebbe potuto comunicare con Dio tanto da fare in modo che Lui gli mettesse un marchio come segno del suo perdono? Se Caino avesse perso la sua "causa" con Dio e fosse stato destinato all'inferno, per quale motivo Dio avrebbe dovuto ascoltarlo e tantomeno rispondergli?

Caino vagabondò senza riposo sulla terra per tutti i suoi giorni come punizione per aver ucciso suo fratello, ma attraverso il pentimento del suo peccato, ha ricevuto la salvezza. Comunque, come per Adamo, la salvezza di Caino fu "per il fuoco" e gli è stato permesso di vivere nella periferia esterna del Paradiso, perché Dio, che giusto, non può permettergli di risiedere e vivere in un posto migliore all'interno del regno dei cieli. Caino visse in un periodo storico molto meno malvagio di quello di oggi, ma fu così inaspettatamente crudele da uccidere suo fratello!

Nondimeno, Caino avrebbe potuto anche risiedere in un luogo migliore del cielo se avesse trasformato il suo cuore si fosse sforzato ottenere il favore Dio con tutta la sua energia e tutto il suo cuore, ma purtroppo la sua coscienza non era così buona e pura e lui non lo fece.

## Perché Dio non punisce immediatamente i malvagi?

Nel corso del vostro cammino di fede non mancheranno le domande del tipo: "ci sono degli uomini estremamente maligni, perché Dio non li punisce?", oppure, "se è vero che alcuni soffrono e muoiono a causa della loro malvagità perché succede anche a giovani fedeli a Dio di morire prematuramente?"

Prendiamo come esempio re Saul, tanto spietato da voler cercare di uccidere Davide, sebbene sapesse che era l'unto del Signore. Dio lasciò Saul impunito e come conseguenza, il re incrementò le persecuzioni verso Davide.

In questi eventi la provvidenza e l'amore di Dio vengono chiaramente spiegati. L'Eterno, infatti, volendo preparare Davide ad essere un grande uomo per Lui, utilizzo la malvagità di re Saul come esercitazione per il raggiungimento di tale scopo. Infatti, Saul morì solo quando il training di Davide fu completo.

Similmente, tutto quello che noi o gli altri vivono porta in sé la provvidenza e l'amorevolezza di Dio, che, a seconda dell'individuo, condanna alcuni immediatamente e permette ad altri di vivere impuniti.

### La vostra speranza è il cielo

*"Gesù le disse: «Io sono la risurrezione e la vita; chiunque crede in me, anche se dovesse morire, vivrà. E chiunque vive e crede in me, non morrà mai in eterno. Credi tu questo?»" (Giovanni 11:25-26).*

Tutti quelli che hanno ricevuto la salvezza accettando il messaggio del vangelo, di certo vivranno la resurrezione, otterranno un corpo spirituale e godranno la gloria eterna del cielo. Chi sarà trovato "vivo" sulla terra il giorno che il Signore scenderà dal cielo, lo incontrerà sulle nuvole nell'aria. Maggiore la trasformazione e la somiglianza a Lui, migliore sarà il vostro luogo di residenza nel regno dei cieli.

In Matteo 11:12 Gesù, proprio a proposito di questo, dice: *"E dai giorni di Giovanni Battista fino ad ora, il regno dei cieli subisce violenza e i violenti lo rapiscono"*, per poi promettere in Matteo 16:27 *"Perché il Figlio dell'uomo verrà nella gloria del Padre suo con i suoi angeli; e allora egli renderà a ciascuno secondo il suo operato"*. Ma anche in 1 Corinzi 15:41 *"Altro è lo splendore del sole, altro lo splendore della luna ed altro lo splendore delle stelle, perché una stella differisce da un'altra stella in splendore."*

Una volta arrivato in cielo non potrai cercare di ottenere un posto migliore, l'unico modo per vivere nella Nuova Gerusalemme, vicino al trono di Dio, è santificarti ed essere fedele alla casa di Dio mentre vivi qui sulla terra. Come il coltivatore al raccolto, Dio desidera che il maggior numero di persone entrino nel regno dei cieli e vivano più in alto, vicino a Lui, attraverso la coltura umana sulla terra.

## Per entrare nel regno dei cieli è necessario conoscere il mondo spirituale

Tra quanti entreranno nel regno dei cieli tramite il giudizio della coscienza, in pratica tra coloro che non hanno mai conosciuto Gesù Cristo, è abbastanza improbabile che qualcuno potrà risiedere nella Nuova Gerusalemme.

Ci sono alcuni, poi, che, malgrado siano credenti e salvati, non conoscono bene il piano della provvidenza di Dio, la coltivazione umana, il cuore di Dio e il mondo spirituale, e purtroppo, quindi, non sanno neanche che i violenti si impossesseranno del regno dei cieli. Questo toglie loro la possibilità di abitare per sempre nella Nuova Gerusalemme.

Dio ci ricorda che bisogna essere: *"...fedeli fino alla morte per ricevere la corona della vita"* (Apocalisse 2:10), perché Lui ricompensa abbondantemente i suoi figli nel cielo, secondo ciò che hanno seminato. Il premio celeste è veramente qualcosa di prezioso perché dura per sempre e la sua gloria è perenne.

Conoscendo queste cose possiamo prepararci veramente per essere una sposa bellissima per il Signore, come le cinque vergini che erano pronte di spirito.

In 1 Tessalonicesi 5:23 si legge: *"Ora il Dio della pace vi santifichi egli stesso completamente; e l'intero vostro spirito, anima e corpo siano conservati irreprensibili per la venuta del Signor nostro Gesù Cristo."*

Ecco perché bisogna prepararsi diligentemente come sposa del Signore prima del suo ritorno, o, per quando Egli deciderà di richiamare a Sé la tua anima.

Andare in chiesa ogni domenica e dire "io credo" non è sufficiente, dobbiamo liberarci della radice maligna che è c'è nel nostro cuore, essere fedeli alla casa di Dio, cercando di compiacere a Lui. In questo modo, anche il luogo celeste in cui dimorerai sarà migliore.

Vi incoraggio, siate dei veri figli di Dio, e, nel nome del nostro Signore prego che non solo camminiate con il Signore durante la vostra vita terrena ma che possiate vivere per sempre nel cielo vicino al trono di Dio.

# Capitolo 3

# L'Ades e l'identità
# dei Messaggeri infernali

Ogni anno, al momento della mietitura, i coltivatori sono gioiosi davanti l'aspettativa di un buon raccolto, anche se sanno che, nonostante l'impegno, i fertilizzanti, e l'accurata pulizia delle erbacce, non tutto il grano che raccoglieranno sarà di prima qualità. Nella messe, infatti, troveranno grano buono, frumento discreto, gramigna e paglia.

La paglia, purtroppo, non può essere mangiata, neanche in caso di fame estrema ed inoltre, non può essere raccolta in covoni insieme al grano perché lo fa marcire. Ecco perché i contadini falciano la paglia e la bruciano o la utilizzano come concime.

Lo stesso principio si applica alla coltivazione umana sulla terra: Egli cerca dei figli a sua immagine, che siano come Lui santi e perfetti, e, quando gli uomini muoiono, Dio li "raccoglie" nei cieli, conservando sia la primizia — tutti quelli che si sono liberati completamente della radice peccaminosa — che gli altri — quelli che hanno vissuto nella fede ma non si sono interamente santificati.

Per evitare l'inferno, in ogni caso, è necessaria la fede pari a un granello di senape, questo grazie al sangue di Gesù, ecco perché quelli che non credono nel Signore e si oppongono a Dio non hanno altra opzione, passeranno l'eternità nel terrificante inferno perché hanno scelto la distruzione preferendo vivere una vita senza di Lui.

Nei prossimi paragrafi illustrerò l'Ades, (luogo che appartiene all'inferno), l'identità dei messaggeri infernali e come le anime dei non salvati sono qui condotte e punite.

## Messaggeri infernali conducono le anime dei dannati nell'Ades

Nei capitoli precedenti abbiamo visto che quando un credente muore, due angeli lo accompagnano nel luogo d'attesa del regno dei cieli. In Luca 24:4 possiamo leggere di due angeli che aspettano Gesù dopo la resurrezione. Allo stesso modo, quando una persona non salvata muore, due messaggeri infernali vanno a prenderla per condurla nell'Ades. Generalmente, quando questo accade è possibile vederlo osservando l'espressione sul viso della persona che sta per morire.

### L'attimo prima di andarsene

Gli occhi spirituali delle persone si aprono qualche attimo prima di morire. Se un essere umano muore in pace, con il sorriso, sta probabilmente vedendo gli angeli e la luce, il suo cadavere non si irrigidisce subito, e spesso capita che la salma di un credente non marcisca nei 2/3 giorni successivi al decesso, sembra che sia ancora vivo.

Immaginate quanto terrificante deve essere per i non credenti percepire e vedere i messaggeri infernali, creature terrificanti arrivate per prenderli, un attimo prima di trapassare! Muoiono sopraffatti dalla paura, sovente senza neanche poter chiudere gli occhi.

Se la salvezza del moribondo non è chiara, gli angeli e i messaggeri infernali combattono per chi dovrà prendere la sua anima, e questo crea un forte stato di inquietudine nella persona in fin di vita. Che orrore e che angoscia deve essere vedere i messaggeri infernali contendersi la propria anima, ascoltarli ripetere le proprie colpe, sentirsi dire che non si ha la fede per ricevere la salvezza.

Sul letto di morte di un uomo dalla fede debole dovrebbero esserci sempre dei credenti con una fede forte che sostengano la sua fede, con adorazione e lode, in modo che anche in questa condizione possa ricevere salvezza. Certo sarà la salvezza per il fuoco, vivrà nel paradiso, ma la sua anima sarà salva. Quando questo accade, la persona che sta per morire appare finalmente calma, perché sa di aver ricevuto la salvezza attraverso la fede che i fratelli intorno a lui, con canti di lode e adorazione, hanno contribuito a fortificare.

Se vi capiterà di osservare il momento del trapasso di un uomo dalla fede forte, vedrete che la sua fede non ha bisogno di essere sostenuta, ma vi contagerà con la sua gioia e con la speranza che ha nel cuore.

# Un luogo d'attesa per il mondo degli spiriti maligni

La fede debole di un moribondo può essere rinforzata con la lode e l'adorazione e può ricevere la salvezza anche in punto di morte.

Quando questo non accade e un essere umano muore senza la salvezza, dei messaggeri infernali condurranno la sua anima nel luogo d'attesa che appartiene all'Ades e lì sarà lasciato solo a vedersela con un mondo intero di spiriti maligni.

Come le anime dei redenti hanno un periodo di aggiustamento al mondo spirituale prima di entrare nel regno dei cieli, le anime dei dannati rimangono per 3 giorni in una zona di attesa per l'Ades che somiglia molto ad una grande buca.

## I tre giorni di aggiustamento nella zona di attesa

La zona di attesa dei dannati è tutto l'opposto di quella dei redenti che invece è piena di giubilo, pace e speranza per la vita gloriosa che li aspetta.

Le anime dei non salvati vivranno dolore insopportabile, sottoposti a ogni tipo di punizione secondo le azioni che hanno compiuto in questo mondo. Prima di precipitare nell'Ades, si preparano per la vita nel mondo degli spiriti maligni per tre giorni, che non sono affatto tranquilli ma solamente l'inizio della loro dolorosa vita eterna.

Vari tipi di uccelli, che in realtà nonostante le sembianze non son affatto dei volatili ma strumenti spirituali bruttissimi e disgustosi, dal becco forte e appuntito, pungono e pizzicano i dannati che sono stati già separati dai loro corpi materiali ma non per questo non sentono dolore in quanto anche la natura degli esseri che li pungono è spirituale.

Ogni qualvolta i volatili beccano le anime, queste si lacerano, sono scorticate, sanguinano, vengono letteralmente scannate. Le anime tentano di scansare il becco ma non ci riescono, lottano e si acquattano, gridano, soprattutto quando gli uccelli vogliono strappare via i loro occhi.

## Nell'Ades punizioni diverse per peccati diversi

Trascorsi i 3 giorni, le anime dei dannati vengono stanziate in luoghi di punizione differenti all'interno dell'Ades secondo i peccati commessi nel mondo. Come il regno dei cieli è esteso, anche l'inferno lo è: spazi infiniti e separati fra loro per accomodare le anime dei non credenti, dove c'è anche l'Ades, anche questo infinito e spaziosissimo.

### Luoghi diversi di punizione

Nell'insieme l'Ades è buio, umido, caldissimo al punto che le anime cuociono mentre subiscono le torture: vengono colpite, beccate e scuoiate continuamente.

In questo mondo, se ti viene amputata una gamba o un braccio vivrai il resto della tua vita senza l'arto che hai perso, e una volta morto, l'agonia del tuo corpo finisce. Nell'Ades, se ti tolgono il collo, il collo si rigenera, qualsiasi parte del corpo spirituale che viene tagliata ricresce. Come non si può affettare l'acqua con la spada più affilata, così non si può eliminare l'anima, così, sia che tu venga beccato, scuoiato o tagliato in pezzi il tuo tormento non terminerà mai.

Se gli "uccelli" cavano gli occhi, presto questi ricrescono, se vieni ferito al punto che tutto l'intestino fuoriesce, in pochissimo tempo si rigenera, il sangue scorrerà interminabilmente mentre subisci le torture più orribili ma non morirai, non "cesserai di esistere", sei destinato a patire questo orripilante modello all'infinito. A motivo del sangue che fuoriesce dalle anime torturate, nell'Ades scorre un fiume di sangue.

Ricordatevi, lo spirito è immortale e per questo la tortura e il dolore dureranno per sempre in eterno nonostante le anime qui supplichino di essere uccise in modo definitivo. A motivo di queste incessanti torture l'Ades è un luogo pieno di persone che gridano, gemono e puzzano di sangue putrido.

## Grida agonizzanti

Presumo che alcuni dei lettori abbiano vissuto direttamente in un periodo di guerra, o che ne abbiano visto scene e immagini orribili in film di guerra o documentari storici: feriti ovunque, alcuni senza braccia, altri senza gambe, quasi tutti hanno gli occhi chiusi, alcuni addirittura hanno il cranio aperto da cui fuoriesce materia cerebrale. Nessuno sa quando l'artiglieria attaccherà di nuovo e chi sarà colpito, certo è che tutti respirano il fumo delle esplosioni e l'odore del sangue, c'è chi geme e chi urla. Questo è il tipico scenario da "inferno".

Se pensate che quanto appena descritto sia miserabile e spaventoso, sappiate che non si avvicina neanche lontanamente a quello che si vive nell'Ades, dove le anime non solo soffrono per le torture che hanno subito, ma tremano di fronte alle atrocità che subiranno in futuro.

Il tormento è insopportabile e non esiste una via di fuga, ma soprattutto, le anime sono coscienti del fatto che ad attenderle, prima o poi, ci sono le fiamme e lo zolfo dell'inferno più profondo.

Che rimorso e che condanna per le anime vedere le fiamme dell'inferno e pensare: "...avrei dovuto credere nel vangelo quando ero sulla terra, non avrei dovuto vivere una vita di peccato!". Purtroppo non esiste una seconda opportunità di salvezza, le possibilità sono finite.

## Lucifero è incaricato dell'Ades

Per quanto si tenti di spiegarlo, nessuno può realmente comprendere quale sia la portata delle varie torture crudeli dell'Ades.

Alcuni spasimano a causa dello stato di decomposizione in cui è stato abbandonato il proprio corpo, altri a motivo di insetti e parassiti terribili che mangiano la loro "carne" e succhiano il loro "sangue". Altri ancora vengono pressati e schiacciati contro dei massi incandescenti e poi lasciati in piedi su della sabbia sette volte più rovente di quella del deserto. In altri casi, i messaggeri infernali in persona torturano le anime, impiegando elementi come acqua, fuoco ed altri metodi che non siamo neanche in grado di immaginare.

Questo luogo non è governato da Dio, Egli, infatti, ha rimesso agli spiriti maligni l'autorità per regnare sull'Ades e sulle anime dei dannati. A capo di tutti c'è Lucifero, il regnante dell'Ades, dove la paglia, vale a dire tutte le anime dei non credenti, viene stipata. Qui non c'è misericordia, la pietà non è di casa ma soprattutto, Lucifero controlla ogni aspetto dell'Ades.

## L'identità di Lucifero

Chi è Lucifero? Era uno degli arcangeli, immensamente amato da Dio tanto che lo chiamò "figlio dell'aurora" (Isaia 14:12). Nonostante questo, Lucifero si ribellò a Dio e si mise a capo degli spiriti maligni.

La maggior parte degli angeli del cielo non è come gli esseri umani, non ha il libero arbitrio, pertanto non può scegliere in autonomia, esegue solo dei comandi, sono verosimilmente simili a degli automi.

Nondimeno, Dio ha donato a un ristretto numero di angeli umanità e sentimenti, condividendo con loro anche l'amore. Lucifero, che era uno di questi, aveva la responsabilità della musica nel regno dei cieli, adorava Dio con la sua voce magnifica e con gli strumenti musicali celesti, compiacendo l'Eterno con le sue composizioni.

Tuttavia, gradualmente, si inorgoglì, diventò arrogante proprio a motivo dell'amore speciale che Dio aveva per lui, finché la bramosia di diventare più potente di Dio stesso lo condusse ad una rovinosa ribellione.

## Lucifero sfida e si ribella contro Dio

La Bibbia racconta che un numero impressionante di angeli seguì Lucifero, (2 Pietro 2:4; Giuda 1:6), circa un terzo della miriade di angeli che c'era in cielo. Immaginate quindi, sono tantissimi! Ma com'è possibile che tutti questi angeli abbiano potuto seguire Lucifero nella sua ribellione arrogante?

Comprendere che gli angeli obbediscono solo a degli ordini, come fanno gli automi, vi aiuterà a capire meglio l'evoluzione di questi fatti.

Innanzi tutto, Lucifero convinse una buona parte di angeli a capo di altri angeli a sostenerlo, e facilmente questi hanno convinto i loro sottoposti.

Oltre gli angeli, anche altri esseri spirituali, parte dei cherubini e i dragoni, seguirono Lucifero nella sua ribellione, che si rivelò perdente, infatti, Dio lo sconfisse, cacciando via dal regno dei cieli lui e i suoi seguaci, imprigionandoli nell'Abisso fino a quando non furono utilizzati nella coltivazione umana.

*"Come mai sei caduto dal cielo, o Lucifero, figlio dell'aurora? Come mai sei stato gettato a terra, tu che atterravi le nazioni? Tu dicevi in cuor tuo: 'Io salirò in cielo, innalzerò il mio trono al di sopra delle stelle di Dio; mi siederò sul monte dell'assemblea, nella parte estrema del nord; salirò sulle parti più alte delle nubi, sarò simile*

61

*all'Altissimo'. Invece sarai precipitato nello Sceol, nelle profondità della fossa." (Isaia 14:12-15).*

Quando Lucifero si trovava in cielo, alla presenza dell'amore di Dio, la sua bellezza era indescrivibile, ma dopo la ribellione il suo aspetto è stato trasformato ed ora è orribilmente ripugnante.

Chi ha avuto modo di vederlo con gli occhi spirituali racconta che Lucifero è talmente brutto da essere vomitevole, cupo e caotico, coi suoi capelli disordinati, ossigenati e tinti di rosso, bianco e giallo, mentre vola in alto nel cielo.

Oggi, Lucifero fa in modo che più persone possibili lo imitino, nell'abbigliamento e nell'acconciatura, ma anche negli atteggiamenti, guardate ad esempio delle persone ballare, sembrano dei selvaggi, esagitati e brutti, mentre puntano il dito a tempo di quella che sembra musica.

Queste tendenze del nostro tempo, dannose per le emozioni delle persone perché producono caos e negazione dell'esistenza di Dio, sono innegabilmente create da Lucifero e proliferano attraverso i mass media e la cultura.

In qualità di figli di Dio abbiamo il dovere di essere diversi, di non cadere trappola dei trend del mondo, perché se succede, l'amore di Dio si allontanerà da noi e queste cose finiranno per catalizzare l'intero nostro cuore e tutta la nostra mente. (1 Giovanni 2:15)

## L'Ades è un luogo orribile perché vi operano gli spiriti maligni

Da un lato c'è Dio, la bontà infinita, che con saggezza e giusto giudizio prepara ogni cosa per noi, i suoi figli, dall'altro c'è Lucifero, il male assoluto. Gli spiriti maligni, in quanto seguaci di Lucifero, sperimentano metodi di tortura sempre più atroci, ed esercitando tutta la loro crudele sapienza rendono l'Ades un luogo terrificante.

Nella storia dell'umanità persone malvagie hanno concepito metodi di tortura terribili. Quando la Corea era dominata dal Giappone, i giapponesi seviziavano i leader coreani del movimento di indipendenza nazionale in diverse maniere. Foravano i polpastrelli con aghi di bambù, tiravano via le unghie dei piedi e delle mani una alla volta, versavano una mistura di pepe rosso ed acqua negli occhi e nelle narici dei leader del movimento mentre erano appesi al contrario. Le stanze di tortura erano impregnate di un disgustoso odore di carne umana bruciata, perché i carnefici giapponesi ustionavano varie parti del corpo dei loro nemici con pezzi di metallo rovente, e dopo averli percossi severamente, la carne si apriva e gli organi interni dei torturati a quel punto si rovesciavano fuori.

Anche la Corea ha torturato i suoi criminali. Ad esempio, in tempi non lontanissimi, ai delinquenti venivano attorcigliate le gambe. Il malvivente era legato all'altezza delle caviglie e delle ginocchia, due bastoni venivano inseriti tra i suoi due polpacci, e l'aguzzino muovendo i due bastoni fracassava le gambe del povero disgraziato. Puoi immaginare quanto doloroso doveva essere?

Le sevizie che gli uomini impiegano possono essere crudeli tanto quanto la nostra umana immaginazione. Avete idea di quanto più spietati e miserabili sono gli spiriti maligni nel torturare le anime dei dannati considerate le loro capacità e il loro potente sapere di crudeltà? Sviluppare nuovi metodi di tortura da esercitare sulle anime è per loro un grande piacere.

Ecco perché dovete conoscere il mondo di questi esseri maligni, per poterli dominare, controllare, superare e sconfiggere, mantenendovi santi e puliti agli occhi di Dio, senza adattarvi ai modelli di questo mondo.

## L'identità dei Messaggeri infernali

Chi sono questi messaggeri infernali che torturano i dannati nell'Ades? Fanno parte degli angeli caduti, sono i subordinati che seguirono Lucifero in ribellione prima che il mondo iniziasse.

*"Egli ha pure rinchiuso nelle tenebre dell'inferno con catene eterne, per il giudizio del gran giorno, gli angeli che non conservarono il loro primiero stato ma che lasciarono la loro propria dimora." (Giuda 1:6).*

Gli angeli caduti non possono uscire liberamente e operare nel mondo perché Dio li ha relegati nell'oscurità fino al giorno del giudizio. Molti asseriscono che i demoni sono gli angeli caduti, ma non è così. I demoni sono anime dei dannati rilasciate dall'Ades per fare dei lavori in circostanze speciali. Spiegherò questo in dettaglio nel capitolo 8.

## Gli angeli caduti insieme a Lucifero

Gli angeli caduti, anche loro creati bellissimi finché non si ribellarono contro Dio, sono stati relegati a rimanere nell'oscurità - in inferno - per il giudizio, e non è dato loro di uscire e vagare nel mondo se non in circostanze speciali. Loro sono i messaggeri infernali, non più né belli né brillanti, solo caduti e maledetti. Sono così tenebrosi che la loro vista è disgustosa, hanno sembianze e viso simile a quello degli esseri umani e indossano spesso maschere di animali abominevoli.

Il loro aspetto è simile a quello di animali detestabili, bruttissimi e maledetti, si decorano il corpo con colori e forme grottesche, per rappresentare maiali e altri animali abominevoli come descritti nella Bibbia in Levitico 11. Indossano un'armatura di ferro e stivali militari, spesso nelle mani hanno un coltello, una lancia, o una frusta, portano con sé anche vari terribili strumenti di tortura.

Mantengono un atteggiamento dominante e puoi sentire il loro forte potere quando si avvicinano nell'oscurità, perché è il loro legittimo territorio di autorità. Le persone generalmente anno molta paura dei demoni, ma i messaggeri dell'inferno incutono grande timore anche a loro.

## I messaggeri infernali torturano le anime

Qual è precisamente il ruolo dei messaggeri? Sono i "facenti funzione" dell'inferno e pertanto il loro compito principale è di torturare le anime dei dannati. Torture più esplicite sono riservate a quelli con punizioni più pesanti nell'Ades.

I messaggeri, indossando maschere che rappresentano animali orribili, spesso maiali, affettano i corpi dei dannati, li gonfiano come palloni o li frustano. Seviziano le persone in vari modi, ed anche i bambini non sono esclusi dalle torture, e questo è qualcosa che contrista e spezza il nostro spirito, sapere che i messaggeri infilzano o picchiano i bambini per puro divertimento. Ecco perché devi fare del tuo meglio per impedire che anche una sola anima precipiti all'inferno, che è un luogo così crudele, misero, colmo di dolore perenne e sofferenze infinite.

Nel 1992 stavo quasi per morire a causa di stress eccessivo e, nello stato di coma i cui mi trovavo, Dio mi mostrò molti dei membri della mia chiesa che seguivano i modelli di questo mondo. Onestamente, io speravo impazientemente che il Signore mi prendesse con sé finché vidi questa scena, ma come potevo stare con Dio sapendo che molte delle mie pecore erano sull'orlo dell'inferno?

Così, cambiai idea e chiesi a Dio di rianimarmi. Lui mi restituì la forza in un istante e con mia grande sorpresa, mi alzai dal mio letto di morte perfettamente sano, il potere di Dio mi aveva guarito e ridato la vita.

Il motivo per cui io proclamo diligentemente e instancabilmente tutti i segreti che Lui mi ha rivelato sull'inferno, è la speranza di condurre alla salvezza anche un'altra sola anima.

# Capitolo 4

# Le punizioni dell'Ades sui bambini non salvati

Nel capitolo precedente ho descritto la rovina dell'arcangelo Lucifero, come adesso regna sull'inferno servendosi di altri angeli caduti che lui domina e comanda e in che modo questi torturano le anime dei dannati secondo i loro peccati. In linea generale possiamo suddividere la punizione dell'Ades in quattro fasce, dalla più leggera, inflitta su quelli che arrivano all'inferno per il giudizio della loro coscienza, fino alla più pesante, imposta sulle persone la cui coscienza è marchiata indelebilmente, gli avversari di Dio, come Giuda Iscariota che ha venduto Gesù per guadagno personale.

Nei capitoli che seguono illustrerò minuziosamente le punizioni inflitte sulle anime dei dannati dell'Ades, ma prima di studiare le pene inflitte sugli adulti, guardiamo quali sono i castighi patiti dalle anime dei bambini — divisi per gruppi di età — che si trovano nell'Ades.

## Feti e lattanti

Anche un bebè incapace di formulare pensieri può precipitare nell'Ades se non passa il giudizio della coscienza a causa della natura peccaminosa ereditata dai suoi genitori. La sua punizione è relativamente leggera perché leggero è il suo peccato comparato a quello di un adulto, e per questo viene lasciato a patire la fame, un dolore insopportabile.

## I lattanti piangono e patiscono la fame

I lattanti, che non possono né camminare né parlare, sono separati dagli altri e confinati tutti in un unico grande spazio. Non sono in grado di pensare, però possono muoversi o gattonare, l'anima dei bambini non salvati, infatti, mantiene le stesse caratteristiche e la coscienza che aveva al momento del decesso.

Non hanno la minima idea del perché si trovino all'inferno, non tengono né memoria né conoscenza nel loro cervello, piangono dalla fame, naturalmente, non conoscono né padre né madre. Un messaggero prende un lattante e gli buca pancia, braccia, gambe, occhi, unghia, piedi, con un oggetto appuntito che assomiglia ad una trivella, il bambino grida acutamente e il messaggero ride con piacere. Nessuno si prende cura di questi lattanti nonostante le loro lacrime, finché il pianto diventa esaurimento e dolore. I messaggeri qualche volta si raggruppano, prendono un bambino, gli soffiano dentro fino a gonfiarlo come un pallone, lo lanciano in aria, e poi ci giocano a calcio o ad altri giochi per puro divertimento. Quant'è crudele e orribile tutto questo?

## Feti non voluti derubati del calore e del conforto

Che sorte aspetta ai feti che muoiono prima che di essere nati? Come ho già spiegato, la maggior parte viene salvata ma ci sono alcune eccezioni. Alcuni, infatti, non possono essere condotti a salvezza perché sono stati concepiti ereditando la natura orribile dei loro genitori, che in genere sono veementi oppositori di Dio, uomini e donne crudeli. Anche le anime dei feti non salvati sono confinate tutte insieme in un luogo simile a quello degli infanti.

Non vengono torturati severamente come gli adulti perché al momento della loro morte, non avevano né coscienza né mai peccato. La punizione, la maledizione che grava su di loro è l'abbandono eterno in un luogo privo del calore e del conforto che hanno sentito nell'utero della madre.

## La forma delle anime nell'Ades

Se un bambino muore in età da svezzamento e non passa il giudizio della coscienza è confinato nell'Ades nella forma di un bambino della sua età. Se un feto muore nell'utero di sua madre, rimane nell'Ades nella sua originale condizione di feto. Le anime dei redenti, dopo il secondo avvento di Gesù Cristo, riceveranno un nuovo corpo risorto, perfezionato e spirituale, simile alla forma del corpo che abbiamo in questo mondo, ma di età intorno ai 30/33 ani come il Signore Gesù Cristo. Chi era basso sarà di altezza ottimale, chi non aveva un arto avrà un corpo intero.

Le anime dei dannati non hanno neanche un corpo nuovo, non vivranno la resurrezione come i credenti, perché non hanno ricevuto la vita attraverso Gesù Cristo, e quindi, rimangono nella stessa forma fisica che avevano al momento del decesso. Hanno facce pallide, corpi bluastri come cadaveri, i capelli arruffati a motivo dell'orrore a cui sono sottoposti. Alcuni indossano stracci, altri solamente piccoli pezzi di stoffa, ed altri ancora non hanno niente per coprirsi.

In cielo, le anime dei redenti indossano vestiti bianchi - luminosi e magnifici - corone splendenti e decorazioni finissime. La luminosità delle vesti e la preziosità delle decorazioni differisce secondo la gloria di ognuno e del suo premio. In inferno, al contrario, l'aspetto delle anime dei dannati rispecchia e differisce seconda la profondità dei propri peccati.

## Infanti

I neonati crescono ed imparano a stare in piedi, gattonano e pian piano iniziano anche ad emettere suoni e qualche parolina. Quando i bambini in questo stadio muoiono, che punizioni subiranno nell'Ades?

Anche loro vengono raggruppati in un solo luogo tutti insieme. La loro sofferenza è istintiva perché non erano ancora capaci di formulare pensieri logici al momento della morte.

### Bambini ai primi passi piangono cercando i loro genitori

Gli infanti generalmente non hanno più di tre anni, per cui

la piccola conoscenza acquisita non gli consente di comprendere dove sono e perché sono all'inferno, però, sono in grado di ricordarsi di mamma e di papà. Piangono incessantemente e gridano: "Dove sei mamma? Papà? Io voglio tornare a casa! Perché sono qui?".

Ricordano la breve vita in questo mondo, la mamma che arrivava rapidamente e li prendeva in braccio quando, per esempio, cadevano o si sbucciavano le ginocchia. Ora però, non c'è madre che venga a confortarli, anche se gridano e piangono quando i loro corpi sono ricoperti di sangue. Qual è il bambino che non grida e non si impaurisce se si perde in un supermercato o in un grande magazzino?

Immaginate lo spavento qui, dove non troveranno genitori a proteggerli o a salvarli da questa devastazione orribile, il che è già di per sé abbastanza terribile da sopportare, in aggiunta, le voci minacciose e le risate grottesche dei messaggeri causano maggior pianto, ma è tutto inutile.

Per passare il tempo, i messaggeri prendono a schiaffi la schiena dei piccoli, li calpestano e li frustano, allora i bimbi provano a fuggire, ma in un luogo così affollato, i bambini ai primi passi non possono fuggire e comunque, in quella confusione di ferite e lacrime, si impigliano l'uno con l'altro, si calpestano, lacerandosi a vicenda le ferite e versando altro sangue. In circostanze così crudeli e sciagurate i bambini piangono continuamente, desiderano ardentemente la mamma, hanno fame, sono inorriditi. Si trovano nell'Ades, ma per loro queste condizioni sono l'"inferno".

So che è impossibile che bambini di due o tre anni abbiano

commesso seri crimini, nonostante questo però, sono puniti così disgraziatamente a causa del loro peccato originale, delle iniquità ereditate e delle loro stesse trasgressioni. Quanto più miseramente saranno puniti gli adulti che commettono peccati ben più seri di quelli dei bambini?

Chiunque può essere liberato dalla punizione dell'inferno se accetta Gesù Cristo, che morì sulla croce e riscattò la nostra vita per condurci nella luce. Chi accetta il Salvatore sarà condotto in cielo perché è stato perdonato dai propri peccati passati, presenti e futuri.

## Bambini che già parlano e camminano

Se le punizioni inflitte ai bimbi intorno ai tre anni sono così spaventose, cosa succederà ai bambini che già parlano e camminano se il giudizio della coscienza li fa precipitare nell'Ades?

### Messaggeri vanno a caccia di bambini con delle lance

I bambini di questa età, più o meno 3-5, sono portati in un luogo scuro e spazioso e quando arrivano iniziano a fuggire con tutta la forza che hanno per evitare i messaggeri che li inseguono con lance e forconi.

I messaggeri rincorrono questi bambini armati di lance e forconi perché adorano perforarli come fa un cacciatore con la preda. Nella corsa i bambini giungono ad una rupe e in fondo vedono del liquido bollente come la lava di un vulcano attivo. Dapprima esitano a saltare ma poi si lanciano nell'acqua bollente per evitare i loro cacciatori. Non hanno altra scelta.

## Lottare per uscire dall'acqua bollente

A questo punto i bimbi hanno evitato le lance dei messaggeri, certo, ma ora sono nell'acqua bollente. Riesci ad immaginare quanto doloroso deve essere tutto questo? Nell'acqua bollente i bimbi cercano di restare a galla almeno con il viso, perché l'acqua penetra nelle narici e nella bocca. I messaggeri nel vedere questo scenario deridono i bambini dicendo cose tipo: "...allora, non vi piace questo gioco, non vi state divertendo?". Poi i messaggeri gridano: "Chi ha lasciato che tutti questi bambini precipitassero all'inferno? Non sono stati forse i vostri genitori?! Sì! E allora portiamo anche loro qui, che vedano i loro figli soffrire ed essere tormentati!".

Ancora alle prese con l'acqua bollente, i bambini sono catturati in una grande rete come dei pesci e lanciati nel luogo d'origine, da cui tutto il processo (scappa - corri - forcone - precipizio - acqua bollente - derisione - rete - lancio), viene ripetuto all'infinito.

Questi bambini hanno solo dai tre a cinque anni di età, non sanno correre molto bene, lo fanno più veloce che possono per evitare di farsi inforcare dai messaggeri, finché saltano giù dalla rupe nell'acqua bollente e di nuovo lottano per uscire da qui per essere di nuovo catturati. Che tragedia!

Ti sei mai scottato un dito sul ferro da stiro caldo o su una pentola? Ora immagina il tuo corpo intero immerso in un liquido bollente, pensa di entrare nell'acqua di una grande pentola che sta sul fuoco! Solo pensarci è doloroso e terribile!

Chi tra i lettori abbia mai hai avuto una scottatura di terzo grado, si ricorderà bene il dolore estremo che procura, com'era tutto rosso, l'odore della carne bruciata e la vista, nonché la puzza terribile delle cellule morte che si decompongono.

Pensate ai grandi ustionati, anche se le parti bruciate guariscono, spesso rimangono brutte cicatrici e se sono molto evidenti, la maggior parte delle persone ha difficoltà nell'avere relazioni di amicizia con individui così deturpati, addirittura i membri della famiglia della vittima qualche volta non riescono neanche a condividere con lui o lei i pasti. Durante le terapie per curare le ustioni, molti pazienti non sopportano il prurito accecante che produce la loro carne, e nel peggiore dei casi, alcuni pazienti sviluppano disturbi mentali o commettono suicidio a causa della sensazione soffocante e dell'agonia ceh si sviluppa in tutto il processo.

Non è forse vero che quando un bambino si scotta, anche il cuore dei suoi genitori percepisce il dolore?

Sappiate che la peggiore scottatura di questo mondo non è comparabile alle punizioni che le anime dei bambini ai primi passi ricevono ripetutamente all'inferno. La portata del dolore e della crudeltà di queste pene supera ogni nostra possibile immaginazione.

## Senza possibilità di nascondersi o fuggire

I bambini scappano cercando di evitare i messaggeri con l'arpione e precipitano finendo nell'acqua bollente che in realtà non è acqua ma un liquido disgustoso e molto puzzolente, è viscida, si appiccica al corpo dei bambini, entra nelle narici e nella bocca mentre lottano per uscire da questo stagno orribile. Nessuna scottatura subita sulla terra è confrontabile con queste!

I sensi di questi bambini, sebbene piccoli, non sono offuscati, sentono tutto, ma non possono impazzire, svenire, dimenticare o entrare in uno stato di incoscienza, nemmeno per un attimo, tantomeno suicidarsi per evitare ulteriore dolore. Che condizione terribile e miserabile!

Ecco quali sono le punizioni inflitte ai bambini di 3/5 anni, che per i vari motivi, come ho spiegato nei capitoli precedenti, finiscono nell'Ades.

Ora che sai queste cose, riesci ad immaginare la portata delle punizioni che attendono gli adulti precipitati all'inferno?

# Bambini dai 6 ai 12 anni

Che tipo di punizioni saranno inflitte sui bambini dai 6 ai 12 anni?

## Sovrastati da un fiume di sangue

Nell'Ades, sin dalla creazione del mondo, un numero infinito di anime ha versato sangue a causa delle orribili crudeltà che qui vengono inflitte, soprattutto considerato che gli arti ricrescono e vengono seviziati di nuovo. Tanto sangue è sufficiente per creare un fiume. Del resto succede anche sulla terra, i racconti di guerra confermano che dopo un massacro o una grande battaglia, il sangue umano forma piccole piscine o addirittura scorre come un ruscello. L'aria è saturata dell'odore caustico del sangue e della decomposizione, se si è in estate poi, il caldo peggiora tutto, questo scenario attrae ogni genere di insetto e il contagio delle malattie infettive diventa epidemico.

Il sangue nell'Ades non forma un laghetto o un piccolo ruscello ma scorre abbondante in un fiume largo e profondo. Da secoli ormai, bambini dai 6 ai 12 anni vengono puniti sull'argine di questo fiume e lì seppelliti. Più serio il peccato che hanno commesso, più vicino al fiume e più profonda la sepoltura.

## Scavare la terra a mani nude

I bambini lontano dal fiume di sangue non sono seppelliti nella terra, ma lasciati a soffrire la fame, per questo scavano a mani nude in cerca di qualche cosa mangiare. Fanno buche disperatamente, ma invano, finché perdono le unghie e le falangi si staccano, non hanno più dita ma tronchetti di carne infradiciati di sangue, la carne si sfalda anche sui palmi delle mani e appaiono le ossa, ma hanno così tanta fame che continuano a scavare nella debole speranza di trovare cibo nonostante il dolore.

Più vicino al fiume, peggiore la sorte e la natura dei bambini. Quelli seppelliti fino alla vita, lottano l'un contro l'altro, si prendono a morsi nel tentativo di staccare brandelli di carne per la fame estrema. Peggiore la condizione di questi ragazzini, maggiore la vicinanza al fiume e il livello di sepoltura nel suolo. Altri, infatti, sono seppelliti quasi in riva il fiume, interrati fino al collo. Qui sulla terra, se una persona fosse seppellita in tale modo morirebbe in poco tempo a causa dell'assenza di circolazione del sangue nel corpo. In questo luogo terribile, però, non c'è nessuna morte, le anime dei dannati vivranno la loro agonia senza fine.

Oltre la fame e il sotterramento, qui si patiscono anche il brutto odore del fiume di sangue, gli insetti, le mosche, le zanzare che pungono le facce dei bambini — loro non possono cacciarli via perché sono seppelliti fino sotto la testa — finché la faccia gli si gonfia così tanto che diventano irriconoscibili.

## Miseri bambini, ridotti a giocattoli dei messaggeri infernali

Questo non è in alcun modo la fine delle sofferenze dei bambini. I loro timpani, infatti, si rompono a causa delle forti risate dei messaggeri che passeggiano sull'argine del fiume e parlano tra di loro. Non solo, quando si riposano, calpestano o si siedono sulle teste dei bambini sepolti fino al collo.

I vestiti e le scarpe dei messaggeri sono dotati di borchie ben appuntite, così, oltre a calpestare le piccole teste, lacerano la faccia dei bambini e gli strappano i capelli a mazzi quando si siedono su di loro, oltre a pestargli la faccia o calcargli la testa sotto piedi per divertimento. Non è forse la punizione più crudele a cui potete pensare?

A questo punto è legittimo chiedersi se sia mai possibile che dei bambini di scuola elementare possano aver commesso dei peccati così terribili che giustifichino tale condanna. Sono giovanissimi, è vero, tuttavia, oltre ad essere dei portatori del peccato originale, hanno peccato intenzionalmente. La legge spirituale che detta "il salario del peccato è la morte", è universalmente applicabile ad ogni persona nonostante la sua età.

## Giovanissimi che derisero Eliseo il profeta

2 Re 2:23-24 ritrae una scena in cui il profeta Eliseo si mette in viaggio perché deve recarsi da Gerico a Bethel. Il profeta camminava lungo la strada, quando dei giovani che venivano dalla città iniziarono a deriderlo dicendogli: *"Cammina testa pelata, cammina testa pelata!"*. Dopo un po' la sopportazione di Eliseo terminò e il profeta maledì i ragazzini, di conseguenza due orse femmina spuntarono dalla foresta e li uccisero, tutti e 42. Cosa pensate sia successo a questi ragazzini una volta arrivati nell'Ades?

### Seppelliti fino al collo

Due orsi femmina uccisero 42 ragazzini. Eliseo era un profeta che aveva compiuto molte opere potenti per l'Eterno, in altre parole, Eliseo non si sarebbe certo sognato di maledirli se lo stessero prendendo solo in giro con qualche parolina.

I ragazzi devono averlo seguito per un lungo tratto di strada, continuando a deriderlo, a punzecchiarlo con dei bastoni e di certo il profeta li ha avvertiti, ammonendoli sinceramente, li avrà anche sgridati, e, se è arrivato fino a maledirli è perché sapeva che erano troppo malvagi per essere perdonati.

Questo incidente ebbe luogo migliaia di anni fa, quando la coscienza delle persone era migliore della nostra e la malvagità non prevaleva tanto quanto oggi nel nostro tempo. Quei ragazzi dovevano essere completamente pervasi di malvagità per beffare e deridere in questo modo un vecchio profeta come Elia, un uomo che aveva compiuto così tante opere potenti per mano e conto di Dio.

Nell'Ades questi bambini sono tormentati crudelmente dai messaggeri, seppelliti fino al collo in riva al fiume di sangue, soffocano a motivo della puzza che viene dal canale, mentre ogni genere di parassita gli pizzica la faccia

## I genitori devono guidare i loro figli

Come si comportano i bambini e i ragazzini ai nostri giorni? Alcuni prendono i vestiti dei loro coetanei e li lascino al freddo, si prendono la loro paghetta o il loro pranzo, li colpiscono, li bruciano con mozziconi di sigaretta - solo perché gli sono antipatici. Capita sempre più spesso che giovanissimi commettano suicidio perché non riescono più a sopportare molestie così crudeli. Altri formano bande organizzate criminali già quando frequentano le elementari, e vanno in giro ad uccidere la gente per diventare criminali famosi.

Ecco perché i genitori dovrebbero allevare i loro figli in modo che non si conformino ai modelli di questo mondo, condurli verso lo sviluppo di una vita di fede e timorata di Dio. Che dispiacere proveresti nel passare la tua eternità in cielo cosciente che tuo figlio o tua figlia saranno per sempre tormentati all'inferno? È orribile solo pensarla una cosa del genere!

Ecco perché vi incoraggio, crescete i vostri figli preziosi nella fede e in linea con la verità. Ad esempio, insegna ai tuoi figli a non parlare o correre durante un servizio di adorazione, a partecipare durante la preghiera e la lode, con tutto il cuore, la mente e l'anima. Anche gli infanti che ancora non capiscono quello che le loro mamme gli dicono, riescono a dormire tranquilli e senza piangere durante servizi di adorazione quando le loro madri pregano per loro e li portano davanti a Dio in fede. Anche questi bambini avranno una ricompensa per il loro comportamento in cielo.

Già intorno ai tre o ai quattro anni si può insegnare ai bambini ad adorare Dio e a pregare. Se i genitori impongono questo comportamento come una regola, e, secondo l'età, la profondità della preghiera può essere diversa. Solo i genitori possono insegnare ai propri figli ad aumentare poco a poco il loro tempo di preghiera, da 5 minuti a 10, a 30, ad un'ora e così via.

Non importa quanto piccoli siano i vostri figli, quando gli insegnate la Parola, secondo età e livello di comprensione, loro saranno spinti a vivere secondo la Bibbia e si sforzeranno di vivere una vita che compiace il Signore, si pentiranno davanti allo Spirito Santo se peccano, e Lui farà il suo lavoro dentro il loro cuore.

Ti esorto, insegna ai tuoi figli concretamente chi è Gesù Cristo e conducili a vivere una vita di fede.

# Capitolo 5

# Punizioni per i morti in età adulta

Le ricompense del regno dei cieli saranno diverse in premio e in gloria secondo le azioni svolte da ognuno, e, similmente, le punizioni inflitte nell'Ades seguiranno la condotta malvagia perpetrata in questa vita. Le anime che vivono in inferno patiscono un ammontare tremendo di dolore eterno, e, la rilevanza del dolore e l'agonia differiscono in base alle azioni di ognuno durante la vita sulla terra. L'uomo, sia che vivrà per sempre in cielo o all'inferno, mieterà quello che ha seminato.

Se vivrai per sempre all'inferno, maggiori le tue trasgressioni, più profonda la parte dell'inferno a cui accederai, più pesanti i tuoi peccati, più tormentoso il tuo dolore. La gravità delle punizioni sarà determinata in proporzione a quanto il tuo cuore è distante da quello di Dio - in altre parole, quanto assomiglia alla natura peccaminosa di Lucifero. Galati 6:7-8 dice: *"Non v'ingannate, Dio non si può beffare, perché ciò che l'uomo semina quello pure raccoglierà. Perché colui che semina per la sua carne, dalla carne raccoglierà corruzione, ma chi semina per lo Spirito, dallo Spirito raccoglierà vita eterna."* E' abbastanza chiaro no? Mieterai quello che hai seminato.

Che tipo di punizioni aspettano nell'Ades tutti quelli che

muoiono dopo gli anni della pubertà, vale a dire, in età adulta? In questo capitolo discuterò i quattro livelli di castigo del soggiorno dei morti, secondo le azioni di ognuno durante questa vita. Prima di andare avanti desidero farvi sapere una cosa. Non ho aggiunto nessun disegno o specchietto grafico di quanto segue per non aumentare il grado di paura del lettore.

## Primo livello di punizione

Ho visto anime costrette a restare in piedi sulla sabbia sette volte più rovente della sabbia del deserto. Non si può evadere da questa punizione perché le anime sono abbandonate nel mezzo di una grande superficie arida.

Hai mai camminato a piedi nudi sulla sabbia rovente in un caldo giorno d'estate? Il dolore è insopportabile. Non è possibile riuscire a camminare su una spiaggia esposta al pieno sole estivo, neanche per dieci o quindici minuti. La rena delle spiagge tropicali del mondo è ancora più rovente di quelle normali, ma ricorda, la sabbia dell'Ades è sette volte più cocente di quella più scottante di questo mondo.

Durante il mio pellegrinaggio in Terra Santa avevo pensato di arrivare fino al mar Morto a piedi invece di prendere uno dei veicoli che portano fin lì, e mi misi a camminare sulla strada asfaltata. Iniziai a muovermi velocemente con due altri pellegrini che mi accompagnavano in questo viaggio. All'inizio non si sentiva molto dolore, ma arrivati a metà strada, avevo sensazioni fortissime di bruciore che salivano dalle suole delle scarpe. Anche se avessimo voluto scappare, a quel punto non c'era dove poter andare: su entrambi i lati della strada asfaltata, infatti, c'erano solo campi di ghiaia altrettanto roventi.

Finimmo per tornare indietro, correndo a buttare i nostri dolenti piedi a bagno nell'acqua fredda di una piscina. Fortunatamente, nessuno di noi si ustionò seriamente, tutto questo durò appena dieci minuti, ma fu abbastanza da provocarmi un dolore intollerabile.

Ora immagina che nell'Ades sarai costretto, eternamente, a stare in piedi su della sabbia che è sette volte più calda della sabbia terrena. Non importa quanto sia insopportabile questa condizione, non c'è nessuna possibilità di riduzione del castigo o di fine della condanna. E pensate che questa è la più leggera di tutte le punizioni dell'Ades.

C'è un'altra anima qui che viene torturata in un modo diverso. Quest'uomo è costretto a sdraiarsi su una pietra pesante che è stata arroventata, in pratica la sua punizione è quella di rimanere su questa sorte di brace per sempre. La scena assomiglia a quella di un pezzo di carne che sfrigola su un barbecue, solo che poi, un'altra pietra, anche questa incandescente, viene fatta cadere sul suo corpo, schiacciandogli tutte le interiora. Pensa a quando si stirano i vestiti con il ferro da stiro: l'asse è la prima pietra su cui viene posto il vestito da stirare - l'anima condannata sdraiata -, ed il ferro è la seconda pietra che pigia in giù il vestito.

Il calore è solo una parte della tortura, l'altra parte è il fracassamento del corpo sotto il peso della pressione della seconda pietra, fino a ridurre in pezzi le costole e tutti gli organi interni. Quando anche il cranio viene schiacciato, i bulbi oculari saltano fuori e tutti i fluidi cerebrali fuoriescono.

Esiste davvero un modo di descrivere la sofferenza di questo dannato? Anche se è un'anima senza una reale fisicità intesa come noi conosciamo, sente e soffre il dolore esattamente come lo avrebbe sentito in questa vita con il corpo umano. La sua agonia, inoltre, sarà durevole. Insieme allo stridore di altri dannati che sono tormentati, sento quest'anima, intrappolata nella sua stessa paura ed orrore, lamentarsi e gridare: "Come posso fuggire da questo tormento?"

## Il secondo livello di punizione

La storia dell'uomo ricco e di Lazzaro, come descritta in Luca 16:19-31, ci offre uno squarcio della spregevolezza dell'Ades. Nella sua potenza, lo Spirito Santo ha voluto rivelarmi il lamento di un essere umano tormentato nell'Ades. Spero che nel leggere le seguenti righe tu possa svegliarti dal sonno spirituale.

*"Mi trascinano di qua, mi trascinano di là*
*senza fine, senza meta*
*corro, corro, ma non arrivo da nessuna parte*
*nessun luogo mi può nascondere*
*qui la mia pelle viene scorticata,*
*qui c'è il peggior odore che abbia mai sentito,*
*qui gli insetti carnivori si accaniscono sulla mia pelle.*
*Tento di sfuggirgli, ma mi ritrovo al luogo di partenza.*
*Sono pungenti e mangiano il mio corpo,*

*succhiano il mio sangue,*
*tremo dall'orrore, rabbrividisco dalla paura,*
*ma cosa posso fare?*

*Ti prego, ti imploro,*
*lascia che tutti sappiano quello che mi sta accadendo.*
*parla loro del mio tormento,*
*così che non finiscano qui.*
*Non so cos'altro io possa fare,*
*così circondato dalla paura e dal terrore,*
*posso solamente gemere.*
*Cercare un rifugio è inutile,*
*me li ritrovo sempre alle costole,*
*si attaccano alle mie braccia,*
*mi addentano portandosi via la pelle,*
*divorano i miei muscoli.*
*succhiano il mio sangue*
*e quando tutto questo sarà finito,*
*verrò gettato nel lago di fuoco.*
*Cosa posso fare?*
*Cosa dovrei fare?*

*Pensavo di essere un uomo buono,*
*con una buona coscienza*
*non avevo quindi bisogno di riconoscere*
*Gesù come mio Salvatore finché fui gettato qui nell'Ades,*
*solo ora comprendo il mio peccato!*
*Ma ora, non mi resta che pentirmi,*

*pentirmi e continuare a pentirmi per le mie trasgressioni.*
*Ti prego Dio,*
*assicurati che nessuno,*
*mai più,*
*si trovi nelle mie condizioni.*
*Molti di quelli hanno vissuto pensando di essere dei giusti,*
*molti di quelli che si professavano credenti*
*pensando di condurre una vita secondo il volere di Dio,*
*molti di loro sono qui,*
*torturati più crudelmente di me.*

*Quanto vorrei svenire,*
*anche solo per un minuto,*
*ma non posso,*
*come non mi è dato di riposare,*
*anche se chiudo gli occhi,*
*quando li riapro, vedo il nulla, tocco il nulla.*
*Continuo a fuggire, corro, corro,*
*ma rimango sempre nello stesso posto.*
*Che posso fare?*
*C'è qualcosa che ora posso fare?*

*Ti imploro, ti prego,*
*assicurati che non ci sarà nessuno altro*
*che segua i miei stessi passi!"*

L'anima che ho sentito lamentarsi era quella di un uomo
relativamente buono, che implorava Dio di fare in modo che più

persone possibili sappiano quello che sta vivendo e sebbene soffra di un tormento estremo, è preoccupato per le anime di quelli che potrebbero finire nell'Ades. Come l'uomo ricco che implorò Mosè di avvertire i suoi fratelli, in modo che "*...nessuno di loro giunga a questo luogo di tormento*", anche quest'anima supplica Dio (Luca 16).

Quelli che precipitano nel terzo e nel quarto livello di punizione dell'Ades, invece, non hanno mai avuto alcun genere di bontà. Nonostante le condizioni in cui si trovano, sfidano spietatamente Dio e deplorano gli altri che sono nella loro stessa condizione.

## La punizione del Faraone

Faraone, il re d'Egitto che si oppose a Mosè, nell'Ades è confinato a subire il secondo livello di punizione, ma la magnitudine delle sue sofferenze raggiunge i limiti del terzo ambito di punizioni.

Di quali malvagità si è macchiato Faraone in questa vita per meritare tanto? Perché si trova nell'Ades?

Nel periodo in cui gli israeliti erano schiavi in Egitto, Mosè fu chiamato da Dio per rivelarsi a loro e per condurli nella Terra Promessa, Canaan. Mosè andò dal Faraone e gli disse di lasciare liberi gli israeliti per potersene andare via dall'Egitto, ma, conoscendo bene il valore dei lavori forzati che gli israeliti svolgevano, Faraone si rifiutò del tutto.

Fu per questo che Faraone, i suoi ufficiali e tutto l'Egitto subirono le 10 piaghe divine per mano di Mosè: l'acqua del Nilo trasformata in sangue, rane, moscerini, mosche che coprirono tutta la nazione, grandine, locuste, oscurità etc. Fatto sta che il Faraone e tutti gli egiziani - anche il bestiame - patirono tutte queste piaghe. Ogni volta che arrivava una calamità, Faraone prometteva di liberare gli israeliti, senza nessun reale intento di farlo, solamente per prevenire ulteriori sciagure. Promessa dopo promessa, Faraone indurì così tanto il suo cuore che fu necessario arrivare alla morte del suo primogenito - come di tutti gli altri primogeniti, anche degli altri schiavi e del bestiame - per convincerlo a liberare il popolo di Dio.

Nonostante quest'ultima azione, all'apparenza sensata, Faraone cambiò presto idea e, insieme al suo esercito, inseguì gli israeliti che si erano accampati davanti il Mare Rosso. Nel vedere l'esercito arrivare, gli israeliti si terrorizzarono e gridarono a Dio. Mosè alzò il suo bastone e protese la mano verso il mar Rosso e per il potere di Dio un grande un miracolo ebbe luogo. Il mare si divise a metà e tutto il popolo lo attraversò camminando sulla terra asciutta, mentre gli egiziani li inseguivano fino ad entrare in questo insolito mare a metà. Arrivati sull'altra riva, Mosè protese di nuovo la mano e *"...le acque tornarono e coprirono i carri, i cavalieri e tutto l'esercito del Faraone che erano entrati nel mare per inseguire gli Israeliti; e non ne scampò neppure uno di loro."* (Esodo 14:28).

Nella Bibbia, molti re gentili e benevoli hanno creduto in Dio e lo hanno adorato, Faraone non fu uno di questi. Il re d'Egitto aveva il cuore molto duro, anche se era stato testimone del potere di Dio per ben dieci volte. Ecco perché visse tragedie terribili: la morte dell'erede al trono, la distruzione del suo esercito e il conseguente decadimento della sua nazione.

Oggi molte persone sentono parlare dell'Iddio onnipotente e direttamente testimoniano il Suo potere, ma, come Faraone, induriscono il cuore, non accettano Gesù come personale Salvatore, si rifiutano di pentirsi dei loro peccati. Cosa accadrà loro nel persistere in questo stile di vita? Riceveranno lo stesso livello di punizione del Faraone nell'Ades.

Ma in cosa consiste la punizione del Faraone?

## Faraone confinato in acque di scarico

Faraone è destinato a restare incatenato ed immerso in una piscina di acqua puzzolente, non può muoversi da lì, e non è solo, ma insieme alle altre anime relegate in questo luogo a causa di un livello di peccato simile al suo.

Il fatto che sia stato un re potente del suo tempo non gli offre nessuna attenuante o un trattamento migliore. Anzi, proprio perché ha vissuto una vita abbondante in una condizione di potere, arrogante e ben servito, i messaggeri lo deridono e lo torturano ancora più severamente.

La piscina del Faraone non è semplicemente ripiena di acque di scarico. Hai mai visto cosa succede ai corpi in decomposizione se sono in acque putride, come quelle dei porti, cariche di benzina, immondizia, e puzza? Non esiste vita in un ambiente simile, se ti bagni le mani la tua pelle probabilmente sarà pesantemente contaminata dai batteri e da tutte le componenti nocive contenute in quest'acqua.

Ecco, Faraone si trova in un luogo simile a quello che ho

appena descritto. Inoltre, questa immensa vasca è zeppa di insetti raccapriccianti, di larve molto grandi.

## Gli insetti rosicchiano le parti più molli del corpo

Gli insetti si avvicinano alle anime confinate nella piscina e le mordono, cominciando dalle parti più molli del corpo: iniziano con gli occhi ed attraverso i bulbi oculari entrano nel cranio arrivando fino al cervello. Puoi immaginare com'è doloroso tutto questo? Rosicchiano e mordono tutto, dalla testa per finire con i piedi. Esiste un termine di paragone per questa agonia?

Pensa al dolore che provi quando la polvere ti entra negli occhi! Quanto più dolente è un insetto che ti punge proprio in un occhio? Il dolore è insopportabile, immagina quindi - se ci riesci - cosa significa avere uno sciame di insetti carnivori che ti entra dagli occhi per scavare tutto il corpo!

Ora, supponi che ti scivoli un ago sotto un'unghia e finisca per forare la punta del dito. Ecco cosa fanno questi insetti, bucano la pelle e la raschiano via, tutta, poi iniziano con i muscoli, fino ad arrivare alle ossa. I parassiti di cui sto parlando non si fermano certo se li colpite con le mani, anzi, le assalgono e rapidamente salgono fino alle spalle per arrivare al torace, all'addome, alle gambe e alle natiche. Le anime confinate in questo luogo sopportano infinitamente questa tortura ed il dolore che l'accompagna.

## Gli insetti rosicchiano tutti gli organi interni

Quasi tutte le donne si spaventano parecchio alla vista di una larva, alcune svengono, la maggior parte delle persone, in ogni caso, non ama affatto gli insetti e non vuole toccarli. Riesci ad immaginare sciami e sciami di insetti oltremodo raccapriccianti che pungono senza tregua i dannati? Gli insetti, dopo essere entrati dal teschio, forano il corpo all'altezza dell'addome, dopo di che iniziano a mordere la carne viva, le viscere e tutti gli organi interni, infine succhiano interamente i fluidi del cervello. In tutto questo, i dannati non sono in grado di lottare, sono legati e possono appena muoversi, non hanno alcuna possibilità di fuggire da questi insetti terribili, che continuano a mordicchiare tutto il corpo, sotto i loro occhi inermi. Subire una tortura del genere per dieci minuti farebbe impazzire chiunque. Una delle anime condannate in questo posto disgraziato è Faraone, il re che sfidò Dio ed il suo servitore Mosè. Patisce questo dolore tormentoso mentre è completamente sveglio, guardando e sentendo lucidamente ogni parte del suo corpo venire morsa e raschiata via. Pensate che questo sia la fine delle torture? Niente affatto! In breve tempo le parti di carne rosicchiate sono ripristinate pienamente e gli insetti corrono verso il corpo del dannato "ricostituito", per iniziare di nuovo a mordere, forare, raschiare e succhiare via ogni cosa. Non c'è fine! Il dolore non diminuisce, nessuna anima sviene o muore, pertanto, la sofferenza continua ad essere viva per tutta la tortura!

Ecco, così funziona il mondo spirituale. In cielo, se i figli di Dio mangiano il frutto di un albero, in un attimo quel frutto viene ripristinato. Similmente, nell'Ades, ogni volta che questi insetti divorano e distruggono un corpo, questo viene immediatamente ripristinato per essere torturato di nuovo.

## Non basta condurre una vita onesta e consapevole

E' vero, al mondo si trovano anche delle persone oneste ma tra di loro ci sono quelli che non vogliono o scelgono di non accettare Gesù ed il vangelo. Dall'esterno sembrano buoni e di animo nobile, ma non lo sono se confrontati con i parametri della Verità.

Galati 2:16 ci ricorda che: *"...l'uomo non è giustificato per le opere della legge ma per mezzo della fede in Gesù Cristo, abbiamo creduto anche noi in Cristo Gesù, affinché fossimo giustificati mediante la fede di Cristo e non mediante le opere della legge, poiché nessuna carne sarà giustificata per mezzo della legge."* L'uomo "giusto" è quello che riceve la salvezza tramite Gesù Cristo e il perdono di tutti i suoi peccati attraverso la sua fede nel Signore. L'uomo che crede pienamente in Gesù rispetterà la parola di Dio, comportandosi rettamente.

Se un uomo nega l'esistenza di Dio nonostante l'indiscutibile evidenza della sua esistenza mostrata nella creazione, nell'universo e nei miracoli che i Suoi ministri compiono, quest'uomo non può che essere considerato malvagio da Dio, anche se dalla sua personale prospettiva ha condotto una vita onesta. Se l'uomo che si considera giusto continua a negare Gesù come personale salvatore, potrà passare in un solo luogo la sua eternità: in inferno. Per tutti gli individui che hanno condotto una vita "onesta" comparativamente ad altri che invece hanno agito malvagiamente seguendo consapevolmente la propria natura peccaminosa, il grado di punizione nell'Ades sarà inferiore, il primo o il secondo livello.

Fra quelli che muoiono senza avere avuto neanche

un'opportunità di abbracciare il vangelo, se non passano il giudizio della coscienza, la maggior parte riceve il primo o secondo livello di punizione. Da questo, comprenderete bene che le anime destinate al terzo e al quarto livello di condanna sono uomini e donne che hanno vissuto in modo molto più malvagio dei loro simili.

## Il terzo livello di punizione

Il terzo e il quarto livello di punizione sono riservati a tutti quelli che si sono ribellati a Dio, quelli cha hanno una coscienza marcata, che hanno calunniato e bestemmiato lo Spirito Santo, interferendo con l'avanzamento e l'espansione del regno di Dio. Non solo, fanno parte di questo gruppo anche tutti coloro che dichiarano essere "eretiche" delle chiese senza alcuna reale prova di apostasia.

Prima di approfondire il terzo livello di punizione dell'Ades, vorrei brevemente esaminare varie forme di tortura concepite dall'uomo.

### Torture crudeli

Durante gli anni in cui i diritti umani erano più una fantasia che qualcosa all'ordine del giorno sull'agenda di quasi tutti i governi, l'uomo concepì ed esercitò innumerevoli punizioni corporali, incluse le varie forme di tortura e di esecuzione. In Europa, ad esempio, nel Medio Evo, le guardie carcerarie portavano il prigioniero da cui volevano ricavare una confessione nelle segrete del carcere. Durante il percorso, il recluso notava le macchie di sangue sul pavimento, i vari strumenti già utilizzati e pronti per la tortura, sentiva grida insopportabili provenire dalle altre stanze che riempivano tutto l'edificio. Uno dei metodi di tortura più comune era quello di inserire le dita dei piedi all'interno di piccoli telai di metallo da stringere sulle dita fino a schiacciarle, dopo di che le unghie o le dita stesse venivano strappate ad una ad una dal piede del malcapitato. Se dopo tanto supplizio il prigioniero non confessava, era appeso per le braccia ed il suo corpo veniva torso in ogni direzione, dolore a cui veniva aggiunto anche altro male supplementare facendolo ripetutamente cadere giù a terra. Nella peggiore delle ipotesi, un carico di metallo molto pesante veniva allacciato alle caviglie del detenuto, mentre era ancora appeso in aria, provocando così la lacerazione di tutti i muscoli e la dislocazione delle ossa all'interno del suo corpo. Se il prigioniero a questo punto non confessava, venivano applicati altri metodi di tortura, ancora più orribili e tormentosi.

Lo sventurato veniva fatto sedere su una sedia costruita appositamente per la tortura: la seduta, lo schienale e le gambe erano interamente rivestite di punteruoli. Alla vista di un oggetto tanto terribile anche se il prigioniero avesse voluto fuggire, le guardie lo avrebbero scaraventato di forza sulla sedia, raggiungendo così l'obiettivo principale: perforare ogni centimetro di carne del malcapitato.

Un'altra tortura consisteva nell'appendere il prigioniero al contrario e lasciarlo così per diverso tempo. Bastava un'ora per squilibrare la pressione e far scoppiare i vasi sanguigni della testa, causando così un'emorragia cerebrale ed in breve il sangue fuoriusciva attraverso gli occhi, il naso e le orecchie. Il disgraziato, anche se fosse sopravvissuto, non avrebbe più né visto, né odorato né udito.

Qualche volta veniva utilizzato il fuoco per costringere un prigioniero a parlare. L'ufficiale addetto alla tortura si avvicinava al sospetto con una torcia, passandogliela sotto le ascelle o le piante dei piedi. Le ascelle si ustionano immediatamente perché sono una delle parti più sensibili del corpo umano, mentre le piante dei piedi si infuocano perché sono più spesse e possono essere arse.

Altre volte i torturati erano costretti ad indossare stivali di ferro roventi direttamente sui piedi nudi, dopo di ché, il boia strappava via la carne delle gambe ammollita dal calore. Altri metodi di tortura erano: tagliare la lingua del prigioniero, ustionandogli il palato con un ferro rovente. Tutto questo se si voleva che il prigioniero restasse ancora in vita. Se, invece, il detenuto era stato condannato a morte, alla fine delle torture veniva legato alla "ruota", uno strumento terribile, ideato per fracassare un corpo umano in tanti pezzi. Facendo ruotare quest'apparecchio il corpo del prigioniero era letteralmente fatto a pezzi, mentre il poveretto era ancora vivo e lucido. In altre occasioni veniva provocata la morte dei disgraziati versando piombo fuso nelle narici e nelle orecchie.

Per non sopportare tanta agonia, spesso i prigionieri cercavano di corrompere i boia in modo che fosse loro garantita una morte quanto più possibile rapida ed indolore.

Questi sono solo alcuni dei metodi di tortura concepiti dall'uomo, e, leggere o semplicemente pensare a queste cose è di per sé molto spaventoso. Ora immagina quali torture sono capaci di concepire e di infliggere i messaggeri dell'inferno che vivono sotto i comandi di Lucifero, nessuna forma di tortura che sia mai stata concepita dall'uomo potrà essere tanto orribile. Questi messaggeri, infatti, privi di qualsiasi compassione, hanno un solo unico piacere: ascoltare le grida delle anime terrorizzate dell'Ades. Ecco perché si evolvono, ricercando sempre nuove e più dolorose tecniche di sevizia da infliggere su queste anime per sempre.

Sei certo di voler andare all'inferno? Ce la farai a vivere vedendo le persone che ami, la tua famiglia, i tuoi amici, torturati crudelmente all'inferno? Ogni cristiano deve considerare come proprio principale dovere condividere, predicare ed espandere il vangelo, facendo tutto quello che è nelle sue possibilità per salvare anche una sola anima dall'inferno!

## Ma precisamente, in cosa consiste il terzo livello di punizione?

### i) Il messaggero infernale che indossa un'orribile maschera da maiale

Un messaggero che indossa una maschera da maiale, bruttissima e spaventosa, prepara tutti gli attrezzi necessari per la tortura, affilandoli su una pietra. Gli strumenti sono molti, includono una gran varietà di attrezzi: dal piccolo pugnale al macete. In effetti, questi attrezzi non hanno bisogno di essere affilati perché le punte di tutti gli strumenti dell'Ades rimangono sempre incredibilmente aguzze. Il vero scopo del prepararli ed affilarli è l'ulteriore spavento che provoca questo gesto nell'anima in attesa della sua tortura.

Poi, un'anima viene legata ad un albero ed i messaggeri iniziano ad "affettare" la sua carne, poco a poco, in piccoli pezzi. Proprio come fai tu quando affetti il pesce per preparare il sashimi.

## Si inizia dai polpastrelli

Quanto spavento deve provare quell'anima nel sentire il rumore di questi attrezzi mentre il messaggero gli si avvicina con quel ghigno raccapricciante!

*'Quel coltello fenderà la mia carne…*
*Presto quell'ascia taglierà via pezzi di me…*
*Cosa posso fare?*
*Come farò a sopportare tanto dolore?'*

L'orrore da solo quasi basta a soffocare quest'anima legata saldamente al tronco di un albero, non può muoversi, le corde spingono fortemente sul suo corpo, più si muove nel tentativo di scappare, più la corda si stringe. Il messaggero infernale arriva ed inizia ad affettargli la carne, cominciando dai polpastrelli ed un grumo di carne coperto di sangue cade a terra. Continua strappandogli via le unghie ed in breve tempo anche le dita, poi il messaggero imperversa sul suo polso fino alla spalla. Tutto ciò che resta delle braccia di quest'anima sono le povere ossa. Il messaggero quindi riprende con il taglio partendo dai polpacci verso le cosce.

## Fino alla totale esposizione degli organi interni

Ecco che il messaggero fende l'addome, fino ad arrivare alle viscere, allora afferra gli organi interni e li getta via, infierendo su ciò che rimane di questo corpo con i suoi attrezzi affilati.

Durante tutto il processo l'anima è sveglia e vede ogni cosa: la sua carne tagliata via, le viscere gettate per terra. Immagina che qualcuno ti leghi e poi tagli via porzioni del tuo corpo, iniziando dai polpastrelli, pezzo per pezzo fino alle unghie. Quando il suo affilatissimo coltello ti tocca, il sangue schizza immediatamente, contemporaneamente alla tua atroce sofferenza. Nessuna parola può esprimere adeguatamente la paura che proveresti di fronte ad una scena simile. Questo livello di punizione più acuto dell'Ades non coinvolge solo un po' del tuo corpo ma tutto, nella sua interezza, dalla testa ai piedi, centimetro per centimetro, organo dopo organo.

Per una migliore comprensione di quello che ho appena raccontato, vorrei che immaginaste il procedimento per il sashimi, il tipico piatto di pesce crudo della cucina giapponese. Lo chef separa la carne dalle spine, poi affetta più finemente che può la polpa del pesce, arrangiando le fettine sul piatto di portata, dandogli generalmente proprio la forma del pesce originale. Così presentato il pesce sembra ancora essere vivo tanto che hai il dubbio che la branchia si sia mossa. Il cuoco del ristorante non ha nessuna compassione per il pesce, è ovvio, altrimenti non potrebbe fare questo lavoro.

Ti imploro, ti prego, tieni i tuoi genitori, i tuoi figli, il tuo sposo, tua moglie, i tuoi parenti, ed i tuoi amici in preghiera. Se non sono salvati finiranno all'inferno, a patire un tormento come quello di quell'anima qui sopra, vedranno la loro carne affettata e le loro ossa raschiate con coltelli affilatissimi. È nostro assoluto dovere come cristiani diffondere la buona notizia, anche perché Dio riterrà certamente ognuno di noi responsabile nel giorno del Giudizio per tutti coloro che avremmo potuto salvare ma che non abbiamo condotto verso il cielo.

## Gli occhi del dannato pugnalati

La tortura continua, e questa volta il crudele messaggero prende un punteruolo invece di un coltello. L'anima già sa quello che le sta per accadere, anche perché non è la prima volta che sopporta tutto questo; è già stata torturata centinaia, forse migliaia di volte dal giorno in cui è confinata nell'Ades. Il messaggero si avvicina al dannato e con il punteruolo gli trafigge con forza un occhio, lasciando il succhiello nell'orbita per un po'. Che spavento! Che orrore vedere il messaggero che vi si avvicina minaccioso con un succhiello così affilato! L'agonia di aver un pugnale nel proprio occhio non è descrivibile con le parole.

È questa la fine della tortura? No. C'è ancora tutto il resto del viso del dannato, e, infatti, il messaggero gli taglia le guance, il naso, la fronte, ed il resto, non dimenticandosi di sminuzzare la pelle da orecchie, labbra e collo. Quest'ultimo, man mano che viene letteralmente affettato si assottiglia, fino a schizzare via dal torso. Ora la sessione di tortura è conclusa, ma ciò segna solo l'inizio di un nuovo round di sevizie.

## Non si può né gridare né piangere

In un breve lasso di tempo il corpo del dannato viene

interamente ripristinato, come se nulla fosse mai accaduto, è un breve momento durante il quale anche il dolore e l'agonia si fermano, solo per un attimo. Questa interruzione però, non è affatto rinfrancante, serve solo a ricordare all'anima che altre torture l'attendono, pensiero che fa tremare di paura il dannato, perché tutto ricomincia, l'attesa, il suono degli strumenti che vengono affilati, la vista del messaggero che indossa quella maschera rivoltante e lo guarda con un ghigno raccapricciante. Ecco che la creatura infernale è di nuovo pronta per una nuova sessione di atrocità ed i tormenti strazianti cominciano di nuovo da capo. Pensi di essere in grado di sopportare una cosa del genere? Sai che non perderai mai lucidità, che nessuna parte del tuo corpo si intorpidirà mai, nonostante la tortura e il dolore! Più tu sei torturato, più soffri.

Un carcerato che viene torturato sulla terra trema e rabbrividisce di fronte quello che l'aspetta, pur sapendo che finirà, che in un modo o nell'altro terminerà, non durerà per sempre. Qui invece, un messaggero infernale con una bruttissima maschera di maiale ti si avvicina, ha tanti attrezzi nelle sue mani, li sfrega facendoli titillare e tu sai che nell'Ades la tortura non ha fine. Il messaggero ti affetta la carne, estrae tutti i tuoi organi interni, ti fora gli occhi, ti raschia le ossa, così, per sempre, insieme ad altre ed ulteriori torture. Per sempre!

Ecco perché un'anima dell'Ades non riesce neanche a gridare o a implorare misericordia, minore crudeltà o qualsiasi altra cosa. L'unico suono che circonda le anime da seviziare è il tintinnio degli strumenti di tortura e il gemito degli altri dannati. Appena l'anima scorge il messaggero impallidisce, si ammutolisce, tanto sa che non può liberarsi dalla sofferenza fino al giorno in cui sarà gettata nel lago di fuoco dopo il Giudizio Universale alla fine dei tempi (Apocalisse 20:11). La realtà crudele di ciò che gli accadrà in futuro aggiunge solamente angoscia al dolore presente.

## ii) Il corpo gonfiato come un vero e proprio pallone

Chiunque abbia un minimo di consapevolezza è legato a sentirsi in qualche modo colpevole se provoca del male al suo prossimo o se ferisce i suoi sentimenti. Generalmente, se un uomo odia un altro intensamente e quest'ultimo dopo tanto tempo si trova a vivere in miseria e forti difficoltà, l'odio del primo in parte diminuisce, sostituito da un senso di pietà.

Però, se la coscienza di un essere umano per qualsiasi motivo è diventata arida e insensibile, questo è completamente apatico alla sofferenza altrui, e, per raggiungere i propri obiettivi è disposto a commettere qualsiasi atrocità.

### Persone trattate come immondizia e spazzatura

Durante la II Guerra Mondiale, in Germania sotto il Nazismo, in Giappone e in Italia (ma anche in altri paesi), un imprecisato grande numero di esseri umani fu utilizzato per realizzare orrendi esperimenti di ogni genere. In sostanza donne, uomini e bambini furono utilizzati per varie sperimentazioni in sostituzione a ratti, conigli e agli altri comuni animali da laboratorio.

Ad esempio, per comprendere la risposta immunitaria di un individuo sano contro vari agenti e/o virus, o i sintomi che accompagnano varie malattie, venivano trapiantate su individui sani cellule di cancro o di vari virus. Oppure, aprivano chirurgicamente lo stomaco o il cranio di una persona sana e in vita in modo da ottenere informazioni più accurate sul funzionamento degli organi interni. Per verificare le reazioni di un corpo umano normale al raffreddamento estremo o al veloce surriscaldamento, abbassavano di molti gradi la temperatura di una stanza dove avevano messo gli esseri umani da sperimentare o aumentavano rapidamente fino al bollore la temperatura di un contenitore d'acqua nel quale confinavano i vari "soggetti" da sperimentazione.

Dopo che i "soggetti" avevano servito il loro scopo, venivano lasciati morire in agonia, senza dare alcun peso alla preziosità della vita o all'angoscia di questi "soggetti".

Che destino crudele ed orrendo per tutti quei prigionieri di guerra e per tutti gli altri esseri umani su cui sono stati praticati questi raccapriccianti esperimenti, tristemente famosi. Che orrore vedere il proprio corpo tagliato in pezzi contro la propria volontà, o il proprio sistema immunitario infettato da varie cellule letali e da virus. Che atrocità doversi guardare morire in questo modo!

Eppure, le anime nell'Ades vivono sevizie impensabilmente più crudeli, punizioni che nessun esperimento umano per quanto terribile abbia mai concepito. Qui le anime sono trattate come immondizia, come spazzatura, non come uomini e donne creati a immagine e somiglianza di Dio, ma come esseri che hanno perso la propria dignità e il proprio valore. Alla stregua di come noi trattiamo i sacchetti dell'immondizia, i messaggeri infernali trattano le anime dei dannati: senza nessuna compassione. I messaggeri non provano nessun senso di colpa o rammarico nel praticare le torture, anzi, per loro nessuna punizione è mai abbastanza!

## Ossa fracassate e pelle lacerata

Per i messaggeri le anime dei dannati sono soltanto giocattoli, contenitori da gonfiare e giocarci a calcio finché ne hanno voglia.

È veramente difficile immaginare questa scena: come fa il corpo umano, che è lungo e piatto, a gonfiarsi fino a diventare tondo come un pallone? Cosa succede agli organi interni?

I polmoni e le viscere sono così dilatati che le costole e la spina dorsale si fracassano uno alla volta, per non parlare della pelle che slabbrandosi in questo modo impietoso provoca un dolore acutissimo.

I messaggeri pompano i corpi dei dannati fino a farli diventare dei palloni per poi giocarci, dopo un po', però, si annoiano e con delle lance affilate li scoppiano, infilzandogli lo stomaco. La fine di un pallone esploso — tanti brandelli laceri — è la fine che tocca a questi dannati, che, esplodendo si frammentano in pezzi di carne, grumi di sangue, e stracci di pelle sparsi in ogni direzione.

Come sempre, in breve tempo i corpi dei dannati sono ripristinati per essere messi nuovamente a disposizione dei messaggeri per le punizioni. Che crudeltà! Che orrore!

Pensate, di certo sulla terra queste anime sono state amate ed hanno amato, hanno rivestito una posizione sociale e laddove questo non sia sempre vero, quasi certamente in vita gli sono stati riconosciuti i diritti umani fondamentali.

Una volta arrivati nell'Ades, non hanno più accesso a nessun diritto, sono trattati come sulla terra si tratta la ghiaia. La loro esistenza in questo luogo non ha alcun valore.

Ecclesiaste 12:13-14 ci ricorda quanto segue:

> *"Ascoltiamo dunque la conclusione di tutto il discorso: «Temi DIO e osserva i suoi comandamenti, perché questo è il tutto dell'uomo». Poiché DIO farà venire in giudizio ogni opera, anche tutto ciò che è nascosto, sia bene o male."*

Secondo il Suo giudizio, queste anime sono state degradate a meri giocattoli dei messaggeri infernali.

Se non riusciamo a compiere il nostro dovere di uomini, che è temere Dio ed osservare tutti i Suoi comandamenti, anche noi non saremo più anime preziose ad immagine e somiglianza di Dio, ma diverremo "soggetti" sottoposti alle crudeli torture dell'Ades.

## La punizione di Ponzio Pilato

Al tempo della morte di Gesù, Ponzio Pilato era il governatore romano al comando della Giudea, oggi la Palestina. Dal giorno in cui ha messo piede nell'Ades riceve le torture del terzo livello di punizione, che comportano anche la fustigazione. Ma quali sono le ragioni specifiche per cui Ponzio Pilato viene tormentato?

## Pilato conosceva la rettitudine di Gesù

Siccome Pilato governava sulla Giudea, occorreva il suo permesso per crocifiggere Gesù, perché, in funzione di viceré romano era responsabile dell'intera regione. Di certo disponeva di molte spie ubicate un po' ovunque, pertanto, era anche consapevole degli innumerevoli miracoli compiuti da Gesù, del suo messaggio d'amore, delle guarigioni, della predicazione del vangelo e del suo percorso evangelistico attraverso tutta la regione. Indubbiamente le sue spie gli avevano sottoposto dei rapporti dettagliati su Gesù, pertanto Pilato sapeva che era un uomo giusto ed innocente, come era pienamente consapevole che gli ebrei lo volevano morto a tutti i costi solo perché in preda alla gelosia, infatti, inizialmente tentò di liberarlo. Pilato, però, sapeva che tirare troppo la corda contro i giudei avrebbe provocato una notevole agitazione sociale nella sua provincia, e per questo finì per approvare la richiesta degli ebrei di crocifiggere Gesù. Non se la sentiva di correre il rischio di tumulti nella sua giurisdizione, in quanto la responsabilità di quest'azione si sarebbe pesantemente ripercossa sulla sua stessa vita.

La coscienza codarda di Pilato ha però determinato la sua destinazione dopo la morte. Il modo in cui i soldati romani frustarono Gesù al comando di Pilato prima della Sua crocifissione, è lo stesso modo con cui è eseguita la sua condanna nell'Ades: frustate senza fine dai messaggeri infernali.

## Staffilato ogni volta che viene nominato

Vorrei descrivervi brevemente il modo in cui Gesù fu frustato dai romani. La frusta consisteva di pezzi di ferro o osso piantati alla fine di una lunga cinghia di cuoio. Ad ogni colpo, la sferza avvolgeva il corpo di Gesù e le ossa appuntite, le schegge di metallo presenti in cima allo scudiscio, gli foravano la carne. Ad ogni colpo venivano portati via pezzi di carne dalle ferite causate dai colpi di frusta precedenti, lasciando sulla parte posteriore del suo corpo grandi e profonde ferite.

Ogni qualvolta che il nome di Pilato è nominato in questo mondo, i messaggeri nell'Ades si accaniscono su di lui fustigandolo. In molte chiese durante il servizio di adorazione si recita a memoria il Credo degli Apostoli, ed ogni volta che si arriva alla parte dove dice: "...sofferse sotto Ponzio Pilato" Pilato viene frustato. Quando centinaia di migliaia di persone recitano a memoria insieme il suo nome allo stesso tempo, la forza e le sferzate aumentano drammaticamente. A volte, ulteriori messaggeri infernali si raggruppano intorno a Pilato per fare a gara a chi riesce a "staffilarlo" meglio.

Anche se il corpo di Pilato è lacerato e in pezzi e ricoperto di sangue, i messaggeri lo frustano partecipando ad un'orrenda competizione, finché ogni lembo di carne del suo corpo è completamente in frantumi, poi si accaniscono sulle ossa fino ad arrivare al midollo.

## La sua lingua è stata rimossa permanentemente

Mentre viene torturato, Pilato grida ossessivamente: "Vi prego, che nessuno chiami più il mio nome! Ogni volta che sono nominato soffro infinitamente!". Malgrado lui gridi, però, non esce nessun suono dalla sua bocca, perché gli è stata tagliata la lingua, perché proprio con quella lingua ha condannato Gesù alla crocifissione.

Quando ti fai male, non ti aiuta forse un pochino gridare? Sappi che per Pilato anche tale opzione non è disponibile.

A differenza delle altre anime condannate nell'Ades, le cui varie parti del corpo sebbene raschiate, tagliate o bruciate vengono rigenerate, la lingua di Pilato è stata rimossa permanentemente come segno di maledizione, non ricresce. Pilato implora e supplica di non nominarlo, ma questo è impossibile, perché la memoria di ciò che ha fatto sarà mantenuta intatta fino al giorno del Giudizio. Più il suo nome è pronunciato, più pesante diventa la sua sofferenza.

## Pilato peccò intenzionalmente

Quando Pilato consegnò Gesù agli ebrei per essere crocifisso, prese dell'acqua e si lavò le mani di fronte alla folla, per poi pronunciare la famosa frase: *"... Io sono innocente del sangue di questo giusto; pensateci voi."* (Matteo 27:24). In risposta, gli ebrei, ora più desiderosi che mai di crocifiggere Gesù, gli risposero: *"...sia il suo sangue sopra di noi e sopra i nostri figli!"* (Matteo 27:25).

Cosa accadde agli ebrei dopo che Gesù fu crocifisso? Furono massacrati quando la città di Gerusalemme fu presa e distrutta dal generale romano Tito nel 70 D.C. Da allora in poi, gli ebrei sono dispersi in tutto il mondo ed oppressi in terre che non sono le loro. Durante la II guerra mondiale, furono trasferiti nei numerosi campi di concentramento presenti in Europa, e ben sei milioni di loro uccisi nelle camere a gas o brutalmente sterminati in altri modi. Durante le prime cinque decadi della sua indipendenza moderna, dopo il 1948, lo stato d'Israele ha continuamente dovuto affrontare minacce, odio ed opposizione armata dai vicini di casa del Medio Oriente.

In ogni caso, anche se gli ebrei hanno ricevuto il castigo causato dalla loro rivendicazione *"...il suo sangue ricada su noi e sopra i nostri figli..."* questo non ha in alcun modo ridotto la punizione di Pilato che ha personalmente ed intenzionalmente commesso un peccato. Nei giorni in cui questi fatti accaddero, Pilato ebbe molte opportunità di non uccidere il Signore, addirittura sua moglie gli chiese di non far crocifiggere Gesù, dopo essere stata avvertita in un sogno, ma, ignorando il consiglio della consorte e la sua stessa coscienza, lui continuò nel suo intento. Pilato condannò Gesù ad essere crocifisso, di conseguenza, è costretto a ricevere il terzo livello di punizione nell'Ades.

Anche oggi gli esseri umani commettono crimini consapevolmente. Nell'Ades, il terzo livello di punizione è inflitto su quelli che pianificano del male contro il prossimo, per coloro che rendono pubblici i segreti di altri per i propri benefici, per quelli che presentano falsa testimonianza e calunnia, per quanti si associano in gruppo per assassinare o torturare, per tutti quelli che commettono atti di codardia, che tradiscono il loro prossimo in momenti di grande pericolo, etc.

## Dio esporrà ogni azione

Proprio come Pilato trasferì il sangue di Gesù nelle mani degli ebrei, lavandosi le sue, ci sono persone che incolpano altri per una particolare situazione o condizione, ma la responsabilità dei peccati è della persona che li commette. Ogni individuo, infatti, possiede un libero arbitrio che gli concede il diritto di fare le proprie scelte, ma che insieme comporta anche la responsabilità delle decisioni che prende. Il libero arbitrio, l'accesso ad una spontanea volontà, ci permette di scegliere, se credere in Gesù come nostro personale Salvatore o no, se osservare il giorno del Signore o no, se dare la decima interamente a Dio o no, e così potrei continuare ancora. Comunque, il risultato delle nostre scelte sarà rivelato nel momento in cui sapremo se godremo di felicità infinita in cielo o soffriremo la punizione eterna che meritiamo in inferno.

Inoltre, le conseguenze di tutte le scelte che fai sono soltanto attribuibili a te, non potrai incolpare nessuno, non sarà una scusa valida dire cose del tipo: "...ho lasciato Dio a causa della persecuzione dei miei genitori..." o "...non ho potuto osservare il giorno del Signore e dare la mia decima a causa di mio marito...". Se un uomo o una donna ha la vera fede, allora teme Dio e trova sempre il modo di osservare i suoi comandamenti.

Pilato, la cui lingua è stata tagliata a causa sue parole codarde, si pente, ha il cuore contrito per quello che ha fatto, costantemente, frustata dopo frustata. Dopo la morte, purtroppo, però, non c'è nessuna seconda opportunità, né per Pilato né per nessun altro essere umano.

In ogni caso, tutti i vivi, e quindi anche chi ora sta leggendo questo libro, hanno ancora un'opportunità. Per questo ti esorto a temere Dio e ad osservare i suoi comandamenti! Isaia 55:6-

7 ci dice, *"Cercate l'Eterno mentre lo si può trovare, invocatelo mentre è vicino. Lasci l'empio la sua via e l'uomo iniquo i suoi pensieri, e ritorni all'Eterno che avrà compassione di lui, e al nostro DIO che perdona largamente."*

Dio è amore e per questo ci permette di conoscere quello che succede all'inferno mentre siamo ancora qui sulla terra, in modo che molti si sveglino dal torpore spirituale che li avvolge, incoraggiando noi che lo conosciamo a diffondere la buona notizia, così che il maggior numero di persone possa vivere nella sua misericordia e conoscere la sua compassione.

## Punizione su Saul primo re d'Israele

*"Poiché io conosco i pensieri che ho per voi»*, dice l'Eterno, *«pensieri di pace e non di male, per darvi un futuro e una speranza."* (Geremia 29:11). Questa parola fu rivolta agli ebrei mentre si trovavano in esilio in Babilonia. Il verso profetizza il perdono di Dio e la misericordia che saranno accordate alla sua gente, proprio mentre si trovano in esilio a causa dei loro peccati contro di Lui.

Per la stessa ragione oggi Dio rivela informazioni sull'inferno, in modo che i peccatori possano pentirsi, che tutti quelli che portano un carico pesante come schiavi di Satana possano essere riscattati, per prevenire che persone create a sua immagine e somiglianza precipitino in quel luogo disgraziato!

Ecco perché invece di spaventarci nel conoscere le condizioni terribili dell'inferno dobbiamo comprendere l'amore incommensurabile di Dio che ci avverte, e, se tu sei un non credente, accetta Gesù Cristo come personale Salvatore, fallo ora stesso! Se invece sei un credente e non hai vissuto secondo la parola di Dio, non professando la fede che dici di avere, voltati e torna a Lui immediatamente!

## Saul rimase disubbidiente a Dio

Quando Saul si insediò come re d'Israele era un uomo molto umile, ma in breve divenne arrogante e smise di rispettare la parola di Dio, iniziò a percorrere una strada malvagia e per questo, infine, Dio gli voltò il suo viso, abbandonandolo. Quando tu pecchi contro Dio, non cercare scuse per quello che hai fatto, non tentare di nascondere la tua trasgressione, pentiti, immediatamente! Solamente così Dio potrà perdonarti.

Quando Saul venne a sapere che Dio aveva unto Davide per sostituirlo, ritenne questo successore il suo peggior nemico e decise di dargli la caccia per ucciderlo per il resto dei suoi giorni. Tanto il suo cuore divenne perverso che Saul arrivò ad uccidere dei sacerdoti che avevano aiutato Davide. (1 Samuele 22:18). Queste azioni erano delle vere e proprie sfide faccia a faccia contro l'Eterno.

Imperterrito, re Saul continuò indifferente nel suo percorso di disobbedienza, e nel tentativo continuo ed ossessivo di uccidere Davide, accumulò trasgressione su trasgressione. Dio però non lo distrusse immediatamente, perché tenere Saul ancora in vita serviva a due scopi. Il primo, era forgiare un grande vaso, un vero re, Davide. Il secondo, Dio diede a Saul tempo e opportunità di pentirsi delle sue malvagità.

Se Dio ci uccidesse immediatamente quando pecchiamo e trasgrediamo la sua Parola, nessuno di noi sarebbe ancora vivo. Dio, invece, perdona, rimanda ed aspetta, ma se uno non torna a Lui, Egli girerà il suo sguardo. Comunque, Saul non poteva minimamente comprendere il cuore d'amore di Dio e continuò a perseguire i suoi desideri carnali. Infine, fu ferito gravemente da alcuni arcieri e si uccise con la sua stessa spada (1 Samuele 31:3-4).

## Il corpo di Saul sospeso e trafitto

Qual è la punizione che aspetta Saul l'arrogante nell'Ades? E' sospeso in aria ed una lancia acuta gli fora l'addome. Nella lama della lancia sono fittamente inseriti degli arnesi che assomigliano a punteruoli aguzzi e a delle punte di spada acutissime.

È tremendamente doloroso rimanere sospesi come è stato appeso lui, ancora di più mentre una lancia attraversa l'addome ed il peso del proprio corpo contribuisce al dolore. La lancia fa a brandelli il ventre forandolo con quelle lame acute, la pelle si lacera aprendosi, mostra i muscoli e le ossa, mentre gli intestini fuoriescono.

Di tanto in tanto il messaggero si avvicina a Saul e gira la lancia, in modo che tutte le lame e i punteruoli che vi sono attaccati fanno a pezzi ciò che resta del suo corpo. Il roteare della lancia fa scoppiare i polmoni di Saul, il cuore, lo stomaco e gli altri organi interni. Rapidamente tutto gli viene ripristinato e il messaggero ripete il supplizio da capo, e, nel soffrire infinitamente, Saul riflette su tutte le opportunità di pentimento che ha ignorato in vita.

*Perché ho disubbidito alla volontà di Dio?*
*Perché ho lottato contro di Lui?*
*Perché non ho prestato alcuna attenzione ai*
*rimproveri del profeta Samuele!*
*Avrei dovuto pentirmi quando in lacrime,*
*m'implorava di farlo mio figlio Jonathan!*
*Ah, se solo non fossi stato così malvagio verso Davide,*
*forse la mia punizione sarebbe stata più leggera...*

È assolutamente inutile per Saul pentirsi ora che è precipitato in inferno, come è anche insopportabile restare sospeso in aria con una lancia che gli fora l'addome, com'è infinito il terrore che Saul prova ogni volta che il messaggero gli si avvicina per praticare un altro round di torture. Il dolore appena sopportato solamente alcuni attimi prima è ancora troppo vivido, sa che non potrà sottrarsi a ciò che sta per avvenire.

Saul allora implora "...ti prego lasciami in pace! Per favore, ferma questa tortura, fermati solo un attimo!", ma è assolutamente inutile. Più Saul impaurisce, più contento è il messaggero, maggiore è il suo piacere nel girare e rigirare la lancia, nel vedere l'agonia di Saul mentre il suo corpo si smembra. Tutto questo orrore non ha fine.

## La punta della lancia di distruzione si chiama arroganza

Ciò che state per leggere è un caso comune a molte chiese oggi. C'è un credente, appena nato di nuovo che riceve il riempimento dello Spirito Santo, è ansioso di servire Dio ed i suoi ministri, almeno lo è per un periodo iniziale. Dopo qualche tempo, questo neo-convertito inizierà a disubbidire alla volontà di Dio, alla chiesa e ai servitori del Signore. Se le azioni peccaminose si accumulano, comincerà a giudicare e a condannare gli altri con il poco della parola di Dio che conosce, il che accrescerà anche la sua arroganza.

Il primo amore che provava per Dio è gradualmente diminuito, la sua speranza - che una volta era solo il cielo - ora riguarda le cose di questo mondo, quelle stesse cose che aveva abbandonato. Non solo, ora pensa che sia giusto essere servito e riverito anche in chiesa, diviene avido, ambisce ad avere soldi e potere all'interno proprio di questo contesto, nel tentativo di appagare ogni desiderio della carne.

Possibilmente questo credente non se la passa tanto bene, o è addirittura povero, ed è probabile che preghi: "Dio, benedicimi con delle cose materiali!". Ma cosa succede una volta che riceve la benedizione che ha chiesto? Invece di usarla per aiutare i poveri, i missionari, l'opera di Dio, la spreca nel suo appagamento, alla ricerca dei piaceri di questo mondo.

Di conseguenza lo Spirito Santo che vive in questo credente si rattrista, e come risultato affronta molte prove e difficoltà, probabilmente anche una punizione. Se continua a peccare, la sua coscienza diventa insensibile, rendendolo incapace di distinguere la volontà di Dio dall'avidità del suo cuore, mentre con ogni probabilità perseguirà la seconda.

Spesso si ingelosisce dei veri servitori di Dio che sono ammirati e grandemente amati dai membri della chiesa, il che scatena in lui comportamenti insulsi, li incolpa di cose false, purtroppo, a volte, interferendo anche con il ministero dei veri servitori del Signore. Alla ricerca del proprio tornaconto, crea fazioni all'interno della chiesa, ed a volte arriva anche a distruggere la comunità dove Cristo dimorava.

Tale persona è un vero e proprio strumento di Satana che continuerà a confrontare Dio, proprio come fece re Saul.

## Dio si oppone all'orgoglioso ma dona grazia all'umile

In 1 Pietro 5:5 si legge *"Similmente voi, giovani, siate sottomessi agli anziani. Sì, sottomettetevi tutti gli uni agli altri e rivestitevi di umiltà, perché Dio resiste ai superbi, ma dà grazia agli umili."* L'orgoglioso giudica la predicazione che ascolta, ritenendo per sé solo quello che si confà ai suoi pensieri e rifiutando tutto ciò con cui non è d'accordo. La mente umana è ben diversa dalla mente divina e non pensare quindi di essere un vero credente se del messaggio divino accetti solamente ciò che è in linea con i tuoi pensieri di uomo.

1 Giovanni 2:15 ci dice: *"Non amate il mondo, né le cose che sono nel mondo. Se uno ama il mondo, l'amore del Padre non è in lui."*, e poi in 1 Giovanni 1:6: *"Se diciamo di avere comunione con lui e camminiamo nelle tenebre, noi mentiamo e non mettiamo in pratica la verità."*

Ti incoraggio ad esaminare il tuo spirito per verificare se sei diventato arrogante, se vuoi essere servito invece di servire e se l'amore per questo mondo ha fatto breccia nel tuo cuore.

115

# Il quarto livello di punizione
# su Giuda Iscariota

Finora abbiamo potuto constatare che il primo, il secondo, e il terzo livello di punizione dell'Ades sono miseri e crudeli oltre ogni nostra possibile immaginazione, indagando, inoltre, su quali siano le ragioni per cui queste anime ricevono dei castighi così crudeli.

Da questo punto in poi, voglio considerare con voi la punizione più paurosa di tutte, osservando alcuni esempi tratti dal quarto livello di punizione e cercando di comprendere meglio quali malignità abbiano commesso le anime che finiscono per subire questo castigo.

### Il peccato imperdonabile

La Bibbia dice palesemente che si può ricevere il perdono dei propri peccati attraverso il pentimento, ma altresì che ci sono delle trasgressioni da cui non si può essere perdonati, nello specifico definisce queste come *"il peccato che conduce alla morte."* (Matteo 12:31-32; Ebrei 6:4-6; 1 Giovanni 5:16). Sono compresi quindi in questa categoria tutti quelli che bestemmiano contro lo Spirito Santo intenzionalmente, che commettono delle trasgressioni pur conoscendo bene la verità. Questi precipiteranno nell'Ades, nella sua parte più profonda.

Sono abbastanza certo che tutti noi, probabilmente, conosciamo persone che sono state guarite dal Signore o che attraverso la grazia di Dio hanno risolto tutti i loro problemi.

All'inizio, dopo che questo avviene, sono entusiasti e desiderano lavorare per Dio e per la Sua chiesa, poi, però, tentati dalle cose di questo mondo, girano le spalle al Signore dimenticandosi di Lui.

Trovano di nuovo appagamento solo nelle cose del mondo, indulgono nel peccato anche più di prima della conversione, sottoponendo così la chiesa da cui provengono ed i relativi servitori di Dio al disonore e agli insulti di altri credenti. Non di rado, quelli che per primi professano pubblicamente la loro fede in Dio sono i primi a giudicare le chiese e i loro pastori come "fuori dottrina", basandosi su personalissimi punti di vista.

Di frequente, semplicemente perché non sono in grado di comprendere quello che avviene, quando vedono una comunità ripiena del potere dello Spirito Santo e i miracoli che Dio fa attraverso i suoi servitori, giudicano velocemente l'intera congregazione, dichiarando che le opere manifestate in quella determinata chiesa non provengono dallo Spirito Santo ma da Satana.

Così facendo tradiscono Dio e non possono ricevere lo spirito di pentimento, in altre parole, non sono capaci di pentirsi dei loro peccati. Dopo la morte, questi „cristiani" riceveranno una punizione più pesante di quelli che non hanno accettato Gesù Cristo come loro personale Salvatore, e, ovviamente, precipiteranno nell'Ades.

2 Pietro 2:20-21 dichiara quanto segue:

> *"Quelli infatti che sono fuggiti dalle contaminazioni del mondo per mezzo della conoscenza del Signore e Salvatore Gesù Cristo, se sono da queste di nuovo avviluppati e vinti,*

*la loro ultima condizione è peggiore della prima. Poiché sarebbe stato meglio per loro non aver conosciuto la via della giustizia, anziché, dopo averla conosciuta, voltar le spalle al santo comandamento che era stato loro dato. "*

Queste persone hanno coscientemente disobbedito alla parola di Dio, sfidando Lui apertamente, ecco perché riceveranno delle punizioni ben più grandi e più pesanti dei non credenti.

## La coscienza marcata

Le anime che ricevono il quarto livello di punizione non solo hanno commesso dei peccati imperdonabili ma hanno anche la loro coscienza marcata. Alcuni di questi sono divenuti così schiavi del nemico, di Satana, il diavolo, che, nel confrontare Dio e nell'opporsi così spietatamente allo Spirito Santo è come se avessero crocifisso Gesù personalmente.

Gesù, il nostro Redentore, fu crocifisso in modo che noi ricevessimo il perdono dei nostri peccati, gratuitamente, ma anche per liberarci dalla maledizione della morte eterna. Il suo sangue prezioso ha riscattato tutti quelli che hanno creduto in Lui, ma, la maledizione che si attirano le persone che ricevono il quarto livello di punizione li rende ineleggibili a ricevere la salvezza attraverso il sangue di Gesù Cristo. Dal momento in cui, intenzionalmente, decidono di peccare, sono condannati ad essere crocifissi su delle croci e a ricevere la punizione che gli spetta nell'Ades.

Giuda Iscariota, uno dei dodici discepoli, che vide il Figlio di

Dio in carne con i suoi occhi, è forse il traditore più famoso nella storia di umanità, e per questo prenderò lui come primo esempio.

Giuda conobbe Gesù' e divenne un suo discepolo, assorbì la Parola, fu testimone di molti miracoli e segni, ciononostante, non si liberò mai della sua avidità e questo lo condusse al peccato che tutti conosciamo: istigato da Satana vendé il suo maestro per 30 pezzi di argento.

## L'impossibile pentimento di Giuda

Chi pensi sia più colpevole: Ponzio Pilato che condannò Gesù ad essere crocifisso o Giuda Iscariota che vendette il Signore agli ebrei? La risposta di Gesù ad una delle domande di Pilato ci offre una soluzione chiara a questo semplice quesito:

> *"Tu non avresti alcun potere su di me se non ti fosse dato dall'alto; perciò chi mi ha consegnato nelle tue mani ha maggior colpa." (Giovanni 19:11).*

Il peccato di Giuda è il più grande che sia mai stato commesso, è la trasgressione per cui non si può ricevere né perdono né uno spirito di pentimento. Quando Giuda si rese conto della magnitudine del suo peccato, si pentì e restituì il denaro ma non prese mai uno spirito di pentimento.

Alla fine, colmo di profonda angoscia, incapace di sopportare il carico del suo peccato, Giuda si suicidò, e in Atti 1:18 è descritta la sua miserabile fine: *"Egli dunque acquistò un campo con la ricompensa della sua iniquità; poi, essendosi precipitato, gli si squarciò il ventre, e tutte le sue interiora si sparsero."* (Nuova Riveduta).

## Giuda appeso ad una croce

Quale immaginate sia la punizione che Giuda sta ricevendo nell'Ades? Nella parte più profonda dell'Ades, Giuda è appeso ad una croce, è il primo, in realtà, di una lunga fila, dietro di lui, infatti, si possono scorgere le croci di tutti quelli che hanno confrontato severamente Dio. Lo spettacolo orribile di questa scena assomiglia ad una fossa comune, a un cimitero di guerra, ma probabilmente l'immagine che meglio descrive questo scenario è un mattatoio stipato di bestiame scannato.

La crocifissione è probabilmente una delle punizioni più crudeli che sia mai stata messa in atto nella storia dell'uomo, tant'è vero che era utilizzata anche a scopo preventivo, serviva a dissuadere tutti quelli che volevano intraprendere la carriera di criminali. Chiunque sia appeso ad una croce desidera ansiosamente di morire il più rapidamente possibile: il corpo inchiodato per un lungo numero di ore, ogni parte del fisico che si lacera, gli insetti che mordicchiano la carne viva ed il sangue che sgorga incessantemente.

La durata media di una crocifissione terrena era all'incirca di mezza giornata, ma nell'Ades, dove non esistono né la morte né la fine delle torture, la tragedia della crocifissione su questi dannati continuerà fino al giorno del giudizio.

Giuda indossa una corona di rovi le cui spine crescono continuamente lacerandogli la pelle, forandogli il cranio e trafiggendogli il cervello. Sotto i suoi piedi sembrano esserci delle belve che si contorcono, ma un'occhiata più vicina rivela che non sono animali ma altre anime, precipitate anche loro in questa parte di Ades, impegnate a tormentare Giuda. Anche loro durante la vita sulla terra hanno sfidato Dio, ammassando malvagità sopra malvagità, anche la loro coscienza è stata marcata, e per questo ricevono punizioni e crudeltà estremamente aspre. Più la tortura che ricevono è severa, più diventano violenti, scatenando tutta la loro rabbia su Giuda, infilzandolo con delle lance acutissime.

Di tanto in tanto i messaggeri infernali scherniscono Giuda dicendo: "Questo è quello che ha venduto il Messia, ecco l'uomo che ha fatto tanto bene per noi, buon per lui, guardatelo, quant'è ridicolo!!!"

## Tormento mentale per avere venduto il Figlio di Dio

Nell'Ades Giuda Iscariota non solo deve patire la tortura fisica ma anche un insopportabile tormento mentale, gli viene, infatti, incessantemente ricordato che lui è stato maledetto per avere venduto il Figlio di Dio. Non ultimo, proprio perché il suo nome "Giuda Iscariota" è divenuto sinonimo di tradimento in questo mondo, il carico del suo supplizio intellettuale gli è aumentato.

Gesù sapeva da sempre che Giuda l'avrebbe tradito e quello che gli sarebbe accaduto dopo la morte, ecco perché tentò di vincerlo a Sé con la Parola, ben sapendo che Giuda non si sarebbe fatto vincere da Lui. In Marco 14:21, Gesù si lamenta dicendo,

*"Sì, il Figlio dell'uomo se ne va come sta scritto di lui; ma guai a quell'uomo per mezzo del quale il Figlio dell'uomo è tradito. Sarebbe stato meglio per lui, se quell'uomo non fosse mai nato!"*

In altre parole, se pensiamo che un individuo che riceve il primo livello di punizione, che è la punizione più leggera, sarebbe meglio che non fosse mai nato perché il dolore è così grande e tremendo, allora cosa dire di Giuda che riceve la più pesante delle punizioni?

## Per non precipitare all'inferno

Chi teme Dio ed osserva i suoi comandamenti? L'uomo, o la donna, che osserva il giorno del Signore e dà a Lui la sua intera decima, i due elementi fondamentali della vita in Cristo.

Osservare il giorno del Signore significa riconoscere la sua sovranità su tutto il reame spirituale, e questo è un segnale forte che ti contraddistingue come uno dei suoi figli. Se non lo fai, non importa quanto confessi la tua fede in Dio Padre, non c'è nessuna verifica spirituale del tuo essere figlio, e se non sei tra i suoi figli, non hai altra scelta, andrai all'inferno.

Se dai tutta la tua decima a Dio vuole dire che gli riconosci la sovranità su ogni tua proprietà materiale, che riconosci e comprendi che Egli possiede l'universo intero. Secondo Malachia 3:9, gli israeliti furono maledetti dopo avere *"rubato a Dio"*.

Lui ha creato lo spazio infinito e gli ha dato vita, ci dà la luce del sole e la pioggia per vivere, l'energia per lavorare e la protezione per proteggere il lavoro di ogni giorno. Dio possiede tutto ciò che hai. Pertanto, sebbene tutti i nostri redditi appartengano a Lui, Egli ci permette di donargli solamente un decimo di qualsiasi cosa guadagniamo, utilizzando il resto come meglio ci piace. Il Signore degli eserciti, dice in Malachia 3:10, *"Portate tutte le decime alla casa del tesoro, perché vi sia cibo nella mia casa, e poi mettetemi alla prova in questo», dice l'Eterno degli eserciti, «se io non vi aprirò le cateratte del cielo e non riverserò su di voi tanta benedizione che non avrete spazio sufficiente ove riporla."*

Se siamo fedeli con la nostra decima, Lui, come promesso, spalancherà le porte del cielo riversando su di noi così tanta benedizione che non avremo abbastanza spazio da contenerla. Se non dai la tua decima a Dio, vuole dire che non credi nella sua promessa di benedizione, quindi, non hai fede in Lui, e, mancandoti la fede, non puoi neanche essere salvato, e, dato che hai anche rubato a Dio, non hai nessun altro luogo dove passare l'eternità se non l'inferno.

Ecco perché dobbiamo sempre osservare il giorno del Signore e dare la nostra decima a Colui cui tutto appartiene, osservando tutti i comandamenti contenuti nei 66 libri della Bibbia.

In questo capitolo abbiamo studiato le diverse punizioni dell'Ades, raggruppandole per una migliore comprensione in quattro diversi livelli. Di certo ogni lettore si sarà reso conto di quanto sia spaventoso e miserabile questo luogo!

2 Pietro 2:9-10 ci dice che *"...il Signore sa liberare i pii dalla prova e riservare gli ingiusti per essere puniti nel giorno*

*del giudizio, specialmente coloro che seguono la carne nei suoi desideri corrotti e disprezzano l'autorità. Essi sono audaci, arroganti e non hanno timore di dir male delle dignità..."*

Gli uomini malvagi che accumulano peccati su peccati, i credenti scellerati che interferiscono con l'opera di Dio o quelli che si danno da fare per disgregare la chiesa, non hanno alcun timore di Dio. Tali persone, che così sfacciatamente confrontano l'Eterno, non possono e non dovrebbero cercare o aspettarsi di ricevere il suo aiuto nel giorno dell'afflizione e della prova. Questi dannati rimarranno confinati nelle profondità dell'Ades per ricevere la punizione che gli spetta in conformità al tipo e all'estensione dei loro peccati, fino al grande giorno del giudizio del trono bianco.

Tutti coloro che conducono una vita retta e devota al Signore, dimostrano di avere fede in Dio perché gli obbediscono, e questo è vero da sempre ed in ogni circostanza. Pensate ai giorni di Noè, quando la malvagità dell'uomo aveva interamente riempito la terra e Dio decise di aprire le chiuse dei cieli, bene, Noè e la sua famiglia furono salvati (Genesi 6-8).

Come Noè temé Dio e rispettò i Suoi comandamenti, evitando così il giudizio e raggiungendo la salvezza, anche noi dobbiamo essere figli obbedienti, in ogni cosa che facciamo e siamo, per compiere nella vita che ci resta da passare qui sulla terra tutta la sua provvidenza.

# Capitolo 6

# Punizioni per chi bestemmia contro lo Spirito Santo

Gesù, in Matteo 12:31-32 dichiarò quanto segue agli ebrei che lo accusavano di predicare il vangelo e compiere le opere potenti sotto l'incantesimo di uno spirito maligno o addirittura per mano di Satana: *"Perciò io vi dico: Ogni peccato e bestemmia sarà perdonata agli uomini; ma la bestemmia contro lo Spirito non sarà loro perdonata; e chiunque parla contro il Figlio dell'uomo, sarà perdonato; ma chi parla contro lo Spirito Santo, non gli sarà perdonato, né in questa età né in quella futura."*

Anche oggi, molti tra quelli che si professano cristiani condannano le chiese dove si manifesta l'opera dello Spirito Santo, dicendo che sono "fuori dottrina" o agiscono per mano "del diavolo" solo perché gli accusatori sono incapaci di comprendere determinate manifestazioni o non sono in grado di accettare le opere potenti compiute dai servitori di Dio. Ma io vi chiedo, in quale altro modo, se non attraverso la potenza e l'autorità che viene solo da Dio e dall'azione diretta dello Spirito Santo, potrebbe espandersi il regno di Dio?

Opporsi all'opera dello Spirito Santo non è differente dal dichiararsi nemici di Dio, e non ha nessuna importanza se gli avversari del lavoro dello Spirito Santo si auto-professano "cristiani", l'Eterno non li riconoscerà mai come i suoi figli.

Tieni ben presente, quindi, che, se dopo aver visto e sperimentato Dio, anche tramite i segni potenti e miracolosi che compiono i suoi servi, se un uomo condanna dei ministri del Signore e la sua chiesa definendoli "eretici", si sta opponendo all'avanzamento del Regno e ha bestemmiato contro lo Spirito Santo, pertanto l'unico luogo eterno riservato per costui è la profondità dell'inferno.

Se una chiesa, un pastore, o un qualsiasi altro servitore di Dio riconosce l'Iddio Trino, crede nella Bibbia come Parola di Dio, è consapevole dell'esistenza della vita eterna, del cielo e dell'inferno, se aspetta il giudizio, e crede che Dio possieda la sovranità su tutto e che Gesù Cristo è il nostro Redentore, se insegna queste cose, nessuno deve o può condannare questa chiesa, il pastore, o i servitori di Dio definendoli "eretici."

Personalmente, ho fondato la chiesa Manmin Joong-ang nel 1982 conducendo innumerevoli anime sulla via della salvezza attraverso l'opera dello Spirito Santo. Incredibilmente, quelli che negli anni hanno attivamente tentato di fermare la nostra congregazione, diffondendo dicerie e calunnie su di me e sulla chiesa, sono proprio quelli che hanno sperimentato l'opera del Signore in modo personale.

Nel tentativo di comprendere più a fondo la miseria e l'agonia dell'inferno, ho ricercato il Signore in preghiera ed Egli mi ha rivelato anche quali sono le pene che attendono nell'Ades tutti quelli che bloccano l'opera dello Spirito Santo, disobbedendo e bestemmiando la terza persona della Trinità.

Quali sono queste punizioni?

# Cuocere all'interno di una pentola colma di liquido bollente

*Maledico i voti nuziali che ho preso con mio marito.*
*Perché mi trovo in questo luogo orrendo?*
*Lui mi ha ingannato, e per colpa sua, ora mi trovo qui!*

Il pianto che avete appena letto è l'agonia di una donna che riceve il quarto livello di punizione nell'Ades, il cui lamento, che echeggia su tutta la distesa scura e cinerea, è rivolto al marito che l'ha ingannata, portandola ad agire contro Dio insieme con lui. Moglie di un uomo malvagio - entrambi credenti - era anche lei maligna, ma nel cuore aveva ancora il timore di Dio, e per questo, per un certo tempo, non frenò direttamente l'opera dello Spirito Santo e non volle contendere contro Dio da sola.

La donna aveva comunque dei desideri carnali nel cuore e, nel tentativo di appagarli, la sua coscienza si assimilò a quella malvagia del marito.

Questa coppia contrastò moltissimo l'opera di Dio ed ora, nella punizione che viene loro inflitta nell'Ades, sono insieme, soffrendo grandemente per le azioni commesse congiuntamente.

### Tormentati uno alla volta

In questa parte di Ades è presente una pentola ripiena di

liquido terribilmente puzzolente e bollente, in cui le anime dannate vengono immerse una alla volta. Ogni qual volta un messaggero tuffa un'anima nella pentola, la temperatura dei liquidi di tutto il corpo — che più che a un corpo umano ora somiglia alla schiena di un rospo — sale, ed i bulbi oculari precipitano fuori dalle orbite.

Ogni qualvolta un dannato tenta disperatamente di evitare questo tormento cercando di uscire con la testa fuori dalla pentola, dei piedi enormi lo calpestano affogandolo violentemente con tutto il cranio. Non solo, sulla pianta di questi enormi piedi, che appartengono ai messaggeri infernali, sono inserite delle borchie di ferro e dei chiodi di ottone, quindi, calpestate in questa maniera, le anime vengono immerse nella pentola accompagnate da grandi ferite e contusioni.

Dopo un po', a causa dell'insopportabile sensazione di bruciore, i dannati fuoriescono con la testa, ma vengono puntualmente spinti giù come prima. Tutto questo per molte volte, calpestati e spinti, calcati e immersi nuovamente nella pentola. Inoltre proprio perché ricevono a turno questo tormento, se il marito è nella pentola, la moglie deve guardare la sua angoscia, e viceversa.

La pentola è trasparente così l'interno è ben visibile da fuori. All'inizio, nel vedere il proprio coniuge, l'uomo o la donna una volta amati, torturato e tormentato in tale maniera disgraziata, si piange per ciò che accade all'altro:

*Mia moglie è lì dentro!*
*Per favore, prendila!*
*Per favore rilasciala da questa tortura.*

*No, no, non calpestare proprio lei.*
*Per favore tirala fuori, per favore!*

Dopo un po' però, le implorazioni del marito o della moglie cessano, perché ora entrambi hanno capito che mentre il coniuge soffre, si può avere un attimo di pausa, ma quando l'altro esce della pentola è di nuovo il proprio turno.

## Incolpandosi e maledicendosi l'un l'altro

Le coppie sposate in questo mondo non saranno coppie in cielo, ma nel caso specifico, questa coppia rimarrà tale in Ades, ricevendo insieme la propria punizione eterna. Adesso, consapevoli delle "alternanze" di tortura, le implorazioni hanno toni drasticamente diversi:

*No, no, per favore non la tirare fuori,*
*che resti ancora dentro.*
*Ti prego, abbandonala lì,*
*così che io rimanga fuori più a lungo!*

Di contro, anche la moglie vuole che suo marito soffra al suo posto, e, come lui, anche lei supplica che il consorte rimanga immerso nella pentola più a lungo possibile. In ogni caso, osservare il compagno soffrire non ristora dalle agonie, anzi, le brevi interruzioni aggiungono angoscia, specialmente perché si è consapevoli che dopo il coniuge verrà il proprio turno, e per questo, si subiscono anche le maledizioni e gli insulti di chi patisce il tormento.

Questo episodio ci mostra chiaramente quale sia il risultato dell'amore carnale. La verità dell'amore carnale è che quando uno patisce un tormento insopportabile, l'altro desidera che il disgraziato ne riceva ancora di più!

La moglie, che si rammarica di aver sfidato Dio "a causa del marito", gli grida senza sosta: "E' per colpa tua che sono qui, che tu sia maledetto!" e per risposta, una voce più forte, quella del marito, la condanna, incolpandole di essere stata la degna compagna di azioni tanto malvagie.

## Maggiore l'implorazione di uno contro l'altro, maggiore il piacere dei messaggeri

I messaggeri sono molto felici di situazioni come questa, dove un marito e una moglie si maledicono l'un l'altro, invocando una punizione più severa ed atroce sul proprio coniuge.

*Ma guardateli, si maledicono a vicenda addirittura qui!*
*La loro malvagità ci delizia!*

Proprio come se stessero guardando un film interessante, i messaggeri sono molto attenti ad ogni parola che questi due si dicono, e di tanto in tanto alzano il livello del fuoco per godersi uno spettacolo migliore. Maggiormente il marito soffre, più la moglie lo maledice, e vice versa. Più si maledicono a vicenda, più forte il sogghigno dei messaggeri.

A questo punto dobbiamo comprendere bene un principio

importante. Quando gli umani commettono azioni malvagie sulla terra, gli spiriti maligni si dilettano e gioiscono, perché più gli uomini praticano il male, più si allontanano da Dio.

Quando affronti delle difficoltà e ti comprometti con il mondo, ti lamenti, ti lagni, amareggiandoti verso il tuo prossimo o verso le circostanze che ti hanno condotto fino a quella situazione, il diavolo, il nemico, corre felice verso di te per aumentare le tue sofferenze.

Gli uomini saggi, che conoscono le leggi del mondo spirituale, sanno che non si devono mai lamentare e lagnare, anzi, in ogni situazione rendono grazie a Dio, e, mantenendo un atteggiamento positivo, confessano la fede che hanno nel Signore, assicurandosi di avere il cuore sempre concentrato su di Lui. Inoltre, se una persona o una situazione veramente malvagia ti affligge, tu sai, che non devi *"...essere vinto dal male, ma [vincere] il male con il bene."*, come dice Romani 12:21. Affronta il male sempre e soltanto con il bene, e poi, rilascia ogni situazione nelle mani di Dio.

Di contro, quando cammini nella luce, possiedi potere ed autorità per superare l'influenza degli spiriti maligni, ed il nemico, Satana, non può ritenerti responsabile del male che ti è capitato e tutte le tue difficoltà andranno via molto più velocemente. Dio si compiace grandemente quando i suoi figli camminano e vivono secondo la vera fede.

In nessuna circostanza devi mai emanare cattiveria dalla tua mente e dal tuo animo, che è ciò che il nostro nemico, Satana, vorrebbe. Pensa in verità e comportati con fede, in modo da piacere a nostro Dio Padre.

## Scalare un burrone perpendicolare

Sia che tu sia un servitore di Dio, un anziano, o un lavoratore nella Sua chiesa, se non circoncidi il tuo cuore e continui a vivere una vita di peccato, sei una possibile preda di Satana. Ci sono credenti che si allontanano da Dio perché amano il mondo, altri non frequentano più la loro chiesa dopo essere stati tentati, altri ancora, percorrendo una strada pericolosa e mortale, sfidano Dio arrivando addirittura a frenare il suo piano per una chiesa o per una missione.

### Il caso di un'intera famiglia che ha tradito Dio

Quel che segue è il racconto di un'intera famiglia che aveva lavorato fedelmente per la chiesa di Dio. Malgrado tutti gli anni di servizio cristiano nessuno di loro aveva circonciso il proprio cuore, continuando a manifestare il temperamento impetuoso e l'avidità tipica di questo nucleo familiare. Nel tempo hanno esercitato il loro potere su molti componenti della chiesa, manipolandoli e inducendoli a peccare ripetutamente. Infine, la punizione di Dio si manifestò su loro, e al capo famiglia fu diagnosticata una malattia molto seria. Tutti insieme iniziarono ad offrire preghiere di pentimento e suppliche di guarigione per il padre morente. Dio ricevette la loro richiesta di ravvedimento e guarì il padre.

In quel periodo il Signore mi parlò dicendomi qualcosa di

completamente inaspettato che io non capii: *"Se chiamo il suo spirito adesso, lui potrà almeno ricevere la salvezza per il fuoco, ma se gli permetto di vivere un poco più a lungo, non riceverà alcuna salvezza...".*

Compresi quello che il Signore voleva dirmi solo alcuni mesi più tardi, dopo che fui personalmente testimone del comportamento inappropriato di questa famiglia. Uno di loro, infatti, era un membro della mia chiesa e qui lavorava fedelmente. Poi, iniziò ad ostruire l'avanzamento della chiesa di Dio e del Regno raccontando calunnie contro la comunità e portando a termine molte altre attività malvagie. Poco a poco, tutta la famiglia prese la strada di quest'uomo e velocemente, uno ad uno si allontanarono da Dio.

Quando il primo di loro iniziò a contristare severamente lo Spirito Santo con il suo comportamento calunnioso, il resto della famiglia commise peccati imperdonabili, ed il padre, che era stato rianimato attraverso la mia preghiera, morì poco dopo. Se il padre fosse morto mesi prima, quando aveva ancora un po' di fede, questa gli sarebbe bastata per giungere a salvezza. Purtroppo, si dimenticò della sua fede e questo non gli lasciò nessuna opportunità di redenzione. Ogni componente di questa famiglia precipiterà nell'Ades dove raggiungerà il padre e sarà torturato. Ma in cosa consiste la loro punizione?

## Scalare un burrone perpendicolare senza mai fermarsi

Nell'area dell'Ades dove vengono puniti c'è un burrone

completamente perpendicolare. Il dirupo è così alto che la sua cima non è visibile dal fondo, vista che aggiunge notevole inquietudine all'aria già carica di paura. All'incirca a metà della strada insanguinata che risale il precipizio, intravedo tre piccoli puntini, poi, guardandoli da una distanza minore mi rendo conto che sono tre dannati.

Risalgono il burrone, nel tentativo di scalare questa grezza rupe, a mani e a piedi nudi, e, proprio come se fosse stata strofinata con carta smerigliata, la pelle degli arti si spella rapidamente fino a mostrare la carne viva. Hanno i corpi fradici di sangue, e il motivo per cui malgrado tutto ciò cerchino di scalare questo dirupo impossibile è per evitare un messaggero che sta sorvolando l'area.

Quando il messaggero li vede, li fa avanzare per un altro pochino e poi alza le braccia liberando una miriade di piccoli insetti che sembrano precisamente il messaggero infernale in miniatura, hanno denti acuti e bocche spalancate, risalgono rapidamente la rupe ed inseguono le anime.

Immagina che un giorno, rientrando a casa, apri la porta e vedi centinaia di centopiedi, tarantole, scarafaggi, tutti grandi più o meno quanto un dito che ricoprono il pavimento, e poi, immagina pure che tutti questi insetti paurosi ti puntano e corrono speditamente verso di te, tutti insieme.

Solo guardare questo tappeto di insetti è terrificante, se poi tutti insieme vengono verso di te, potrebbe essere il momento più spaventoso della vita tua. Ma se, i parassiti cominciano a salirti sui piedi, sulle gambe fino a inondare letteralmente il tuo corpo, saresti ancora in grado di descrivere questa scena orrenda?

In Ades, in ogni caso è impossibile definire se questi insetti sono centinaia di migliaia o migliaia di migliaia. Le anime in questione sanno solamente che sono in numero incalcolabile e che loro tre sono la preda.

## Lo sciame investe i tre dannati

Alla vista della nuvola di insetti che li insegue dal fondo della rupe, le tre anime si arrampicano più velocemente che possono, fatica che non impedirà ai dannati di essere catturati, fra non molto, infatti, saranno investiti da uno sciame di parassiti e precipiteranno di nuovo a valle dove questi insetti orribili rosicchieranno ogni parte di carne rimasta attaccata al loro corpo.

Il dolore dei morsi è così forte ed insopportabile, loro gridano come delle bestie, si torcono, muovono il corpo avanti e indietro nel tentativo di scuotersi via gli insetti, ma così facendo, si calpestano a vicenda, procurandosi maggior dolore, insulti e maledizioni. Nel mezzo di tanta agonia, ognuno emana più cattiveria dell'altro, si vituperano, si maledicono, ciascuno cerca di scampare sé stesso a danno dell'altro. Ah, quanto godono i messaggeri nel guardare questo spettacolo!

Dopo un po' il messaggero riprende a volare su di loro, tira fuori la mano per raccogliersi gli insetti, e in un istante scompaiono tutti. Ora che le tre anime non sentono più l'erosione degli insetti si precipitano di nuovo sul dirupo. Sono ben consapevoli che il messaggero presto tornerà a volare su di loro sguinzagliando di nuovo gli insetti, ecco perché con tutta la forza che hanno, riprendono la scalata. In questo momento di tranquillità misteriosa, la paura per ciò che da lì a breve succederà prende il sopravvento, il male delle ferite che hanno addosso non è facile da ignorare, ma, dato che l'incubo degli insetti che arriveranno per consumarli è più terrificante del dolore, iniziano la risalita più velocemente che possono.

Che vista miserabile!

## Un ferro rovente per ustionare la bocca

*"Morte e vita sono in potere della lingua; quelli che l'amano ne mangeranno i frutti."* (Proverbi 18:21).

*"Or io dico che nel giorno del giudizio gli uomini renderanno conto di ogni parola oziosa che avranno detta. Poiché in base alle tue parole sarai giustificato, e in base alle tue parole sarai condannato."* (Matteo 12:36-37).

Entrambi questi due passaggi dicono che Dio ci terrà personalmente responsabili di ogni parola che proferiamo, giudicandoci di conseguenza.

Da un lato quelli che con le loro parole di verità portano dei buoni frutti, dall'altro quelli che senza fede proferiscono parole malvagie producono frutti maligni. Tutti abbiamo imparato, a nostre spese, che parole dette senza pensare possono produrre un notevole carico di dolore e di angoscia.

## Ogni parola sarà riconsegnata al mittente

Ho sentito dei credenti pregare: "Se alla mia famiglia per pentirsi occorre un incidente, che ben venga." Non appena il nemico, Satana, il diavolo sente queste parole, immediatamente accusa la persona di fronte a Dio, dicendo: "...quello che ha detto dovrebbe essere portato a compimento...". Così, le parole diventano semi e l'incidente ha luogo per davvero. C'è forse bisogno di chiamarsi addosso della sofferenza con parole così sciocche e non necessarie? Quando l'afflizione sopraggiunge, molti credenti esitano e non comprendono che spesso le difficoltà che vivono sono arrivate a causa delle proprie parole, la maggior parte non ricorda neanche ciò che dice, sebbene la parola sia in grado di provocare angoscia e dolore in quantità notevoli.

Ecco perché dobbiamo sorvegliare la nostra bocca, frenando la lingua, perché ogni parola che proferiamo ci verrà riconsegnata, in un modo o nell'altro. Indipendentemente dalle intenzioni, se quello che dici non è buono, Satana può facilmente - e certamente vuole - ritenerti responsabile per le tue parole, rendendoti facile bersaglio di difficoltà altrimenti evitabili.

Tenendo questo in mente, cosa pensate che succeda a quelli che intenzionalmente mentono sulla chiesa di Dio e sui suoi servitori adorati, arrestando così l'avanzamento del regno e delle missioni? Rapidamente Satana sarà in grado di influenzare la vita di queste persone. Da lì all'inferno il passo è breve.

Nei prossimi paragrafi descriverò alcune delle torture che vengono inflitte su quelli che con le loro parole impediscono l'opera dello Spirito Santo.

## Gli oppositori dello Spirito Santo e la loro parola

Vorrei parlarvi uomo che aveva frequentato la mia chiesa servendo per molto tempo in diverse posizioni nel ministerio. Purtroppo per lui, non circoncise mai il suo cuore, che è di gran lunga la cosa più importante che viene richiesta ad un vero cristiano. Dall'esterno sembrava davvero un lavoratore fedele, innamorato di Dio, della chiesa e dei suoi fratelli in Cristo.

Tra i suoi congiunti c'era una persona che era stata guarita da una malattia debilitante ed un'altra che era stata praticamente resuscitata in punto di morte. A parte questi episodi più eclatanti, la sua era una famiglia grandemente benedetta da Dio, ciononostante, non circoncise mai il suo cuore né si liberò della natura malvagia umana in modo completo.

La chiesa si trovò ad affrontare delle serie difficoltà finché lui — e la sua famiglia — furono tentati da Satana e tradirono la comunità, dimenticandosi della grazia e delle benedizioni che tutti loro avevano ricevuto. Lasciò così la chiesa che aveva servito per molti anni, iniziò ad opporsi fortemente all'opera che Dio, e, quasi come se avesse ricevuto una vera e propria missione personale, visitava tutti i componenti della sua ex comunità, cercando di interferire con la loro fede.

Sebbene avesse abbandonato la chiesa a causa di incertezze nella sua fede personale, è probabile che, se avesse tenuto per sé tutti i suoi e dubbi a proposito di questioni su cui non era in grado di riconoscere il bene dal male, avrebbe potuto ricevere misericordia da Dio in punto di morte.

Tuttavia, non riuscì a superare la sua natura malvagia e peccò così grandemente con la sua lingua che ora lo attende solo un castigo tormentoso.

## Bocca ustionata e corpo ritorto

Ed ecco che un messaggero gli ustiona la bocca con un ferro rovente a causa della severa opposizione all'opera dello Spirito Santo perseguita attraverso le parole della sua bocca. Questa punizione è simile a quella di Ponzio Pilato che condannò l'innocente Gesù alla crocifissione con le parole ed ora, in Ades, la sua lingua è stata permanentemente rimossa.

Ma le ustioni sono solo l'inizio. L'anima è costretta ad entrare in un cilindro di vetro sigillato, all'esterno del quale ci sono due impugnature di metallo. Quando i messaggeri girano questi manici, il corpo dell'anima intrappolata è ritorto, strizzato, spremuto, fino a che, come l'acqua sporca viene cavata da una lavapavimenti, il sangue di quest'anima sgorga dagli occhi, dal naso, dalla bocca, e da tutte le altre aperture del corpo, fino a fuoriuscire del tutto.

Sai quanta forza occorre per ottenere una goccia di sangue spremendoti il dito?

Il sangue viene spremuto non solo da una sola parte del fisico ma dal corpo intero, dalla testa ai piedi. Tutte le ossa, i muscoli, ogni cellula, vengono strizzati, fracassati, disintegrati, fino a che l'ultima goccia di fluido sia uscita. Che dolore indicibile!

Finalmente il tubo è pieno di sangue, quasi a sembrare una

bottiglia di vino rosso e per il tempo necessario alla rigenerazione del corpo i messaggeri lasciano in pace il dannato. Sarebbe meglio che non gli fosse rigenerato affatto perché dal momento della ricostituzione, la torsione inizia di nuovo, la tortura si ripete, senza fine.

Per avere impedito l'avanzamento del regno di Dio con la sua lingua, le labbra di questa anima vengono ustionate, e come ricompensa per aver attivamente, così, aiutato l'opera di Satana, gli viene estratto ogni centimetro cubo di liquido presente nel suo corpo.

Nel mondo spirituale ogni uomo miete quello che semina, e qualunque cosa ha fatto sarà fatto a lui. Ti imploro, ricorda questo principio e non soccombere mai alla malvagità, pronuncia solo parole buone, agisci sempre con bontà e vivi una vita che glorifichi Dio.

## Torturati da macchinari giganteschi e strazianti

Mi accingo a parlarvi di un'altra anima. Avendo personalmente sperimentato l'opera dello Spirito Santo, dopo essere stato guarito da una grave malattia, quest'uomo pregò con il cuore verso di Dio chiedendogli di circoncidere il suo cuore. La sua vita fu sempre vissuta sotto la guida dallo Spirito Santo, portò frutti spirituali in abbondanza, attirandosi l'amore e l'apprezzamento di molti membri di chiesa e divenne un ministro.

## Intrappolato nel proprio orgoglio

La sua popolarità crebbe, come, purtroppo, crebbe il suo orgoglio. Divenne sempre più arrogante, non fu più in grado di esaminare sé stesso in modo corretto e, inconsciamente, smise di circoncidere il suo cuore. Lui, che era stato sempre un uomo dal temperamento impulsivo e geloso, invece di liberarsi di queste peculiarità, iniziò a giudicare e a condannare gli altri, portando rancore verso tutti quelli che non si dimostravano compiacenti con lui o che si trovavano in disaccordo con le sue idee.

Una volta che un uomo è intrappolato nel suo orgoglio e agisce malvagiamente, il suo spirito emana malignità e, oltre ad essere senza freni, non tiene conto del consiglio di nessuno. Quest'anima ammassò malvagità su malvagità, fu preso nella trappola di Satana, e si oppose grandemente a Dio.

La salvezza non è completa quando riceviamo lo Spirito Santo, o meglio, dopo aver ricevuto la grazia e sperimentato lo Spirito Santo, anche se stai servendo Dio, sei come il corridore di una maratona che si trova ancora a grande distanza dal traguardo finale, che è la purificazione. Non importa quanto il podista sia bravo a correre, se si ferma, se sviene, la corsa non è valida. Sono molte le persone che corrono verso il traguardo finale - il cielo. Non importa se hai raggiunto una determinata meta della corsa velocemente, o se sei vicinissimo alla linea di arrivo, se ti fermi, hai finito la corsa.

## Non dare per scontata la tua fermezza nella fede

141

Apocalisse 3:16 è molto chiara: se siamo tiepidi saremo dimenticati da Lui. Se sei un uomo o una donna di fede devi essere sempre ripieno dello Spirito Santo, mantenere la passione per Dio viva e, fervidamente, impossessarti del regno dei cieli. Se la tua corsa si arresta a metà strada, sei come quelli che non hanno partecipato alla gara, e, non puoi essere salvato.

Per questa ragione, l'apostolo Paolo, che fu fedele a Dio con tutto il suo cuore, affermò: *"...[io] disciplino il mio corpo e lo riduco in servitù perché, dopo aver predicato agli altri, non sia io stesso riprovato."* (1 Corinzi 9:27).

Anche se rivesti una posizione nella chiesa in cui insegni agli altri, se non ti liberi completamente di tutti i tuoi pensieri carnali e disciplini il tuo corpo in modo che diventi tuo schiavo, come ha fatto Paolo, Dio ti abbandonerà, perché, vedi, *"...il vostro avversario, il diavolo, va attorno come un leone ruggente cercando chi possa divorare."* (1 Pietro 5:8).

1 Corinzi 10:12 si legge, *"Perciò, chi pensa di stare in piedi, guardi di non cadere."* Il mondo spirituale è infinito com'è e infinito il processo che ci porta ad essere sempre più simili a Dio. Come un contadino semina in primavera, coltiva in estate e raccoglie in autunno, anche voi siete chiamati ad avanzare nelle stagioni spirituali che vi aspettano, in modo che la vostra anima si elevi e voi siate pronti ad incontrare Gesù.

## Testa ritorta e trafitta

Quale punizione attende nell'Ades l'anima che, certa di essere salda in piedi, smette di circoncidere il suo cuore?

Viene direttamente torturata da un congegno che assomiglia molto a un messaggero, ma è un angelo caduto. La macchina da tortura è molto più grande dei messaggeri infernali, e solo la sua vista procura al dannato grande terrore. Le mani della "macchina torturatrice" sono dotate di unghie acutissime, affilate ma soprattutto molto più lunghe di quelle un uomo medio. La "macchina" prende il dannato per il collo tirandolo in alto con la mano destra e gli torce la testa con la sinistra, trafiggendogli il cranio e il cervello con le unghie. Riesci ad immaginare il dolore di un'azione come questa?

Il dolore fisico è tremendo, ma l'agonia mentale che a breve seguirà è ancora più insopportabile. Di fronte agli occhi del dannato viene posto una sorta di video dove scorrono le immagini dei momenti più felici vissuti sulla terra: la felicità del giorno un cui conobbe la grazia di Dio, i tempi gioiosi del suo lavoro nel ministero, i giorni in cui era ansioso di compiere il grande comandamento *"andate e fate discepoli"*, e così via.

## Tormento mentale e scherno

Per quest'anima, ogni scena, ogni foto, ogni immagine è una pugnalata al cuore. Lui, che una volta serviva l'Iddio onnipotente pieno della speranza della Nuova Gerusalemme gloriosa, ora è qui, confinato in questo luogo disgraziato. Il contrasto rigidissimo di queste situazioni gli spezza il cuore in mille pezzi, non riesce a sopportare il tormento mentale e si copre la testa insanguinata con le mani. Implora misericordia perché la tortura termini, ma non c'è fine alla sua agonia.

Dopo un po' la "macchina" lascia cadere il dannato a terra, ed i messaggeri, che fino a quel momento si godevano lo spettacolo dell'anima che soffriva, lo canzonano dicendo: "Ma quale servitore di Dio, tu sei stato un apostolo di Satana, ed ora sei il suo divertimento!".

Nel sentire gli scherni, l'anima piange, singhiozza, grida, implora misericordia, mentre, senza preavviso, la "macchina" lo prende per il collo tirandolo con la destra, gli colpisce la testa con le unghie acute con la sinistra e gli infligge ulteriore tormento ripetendo tutta la sequenza di immagini da capo. Questa tortura continuerà fino al giorno del giudizio.

## Legati al tronco di un albero

Quella che segue è la punizione riservata ad un uomo che ha servito il Signore per un certo tempo, un insegnante nella chiesa, che aveva rivestito diverse posizioni di responsabilità all'interno del ministero.

### Opporsi allo Spirito Santo

Quest'anima, malgrado svolgesse il suo servizio cristiano diligentemente, aveva un forte desiderio di successo, di guadagno economico e di potere, non rendendosi conto della radice maligna che così si annidava nel suo cuore. Nel tempo, a causa di questa sua natura, smise di pregare e di circoncidere il suo cuore. Era inconsapevole, ma questo non impedì alla malvagità di crescergli dentro, come fa un fungo tossico che avvelena tutto. Così, nel momento in cui la chiesa che aveva servito per tanti anni affrontò una crisi importante, lui fu immediatamente catturato da Satana.

Quando iniziò ad opporsi allo Spirito Santo, dopo essere stato tentato dal nemico, i suoi peccati divennero più seri perché era stato un leader della sua chiesa e la sua influenza, ora negativa, era notevole sui membri della comunità, tanto da trascinarne molti con sé.

## Torturato e beffeggiato

La punizione di quest'uomo consiste nel rimanere legato al tronco di un albero dell'Ades, e, sebbene non sia severa come quella di Giuda Iscariota, è comunque aspra ed insopportabile.

Il messaggero gli mostra una sequenza di immagini dove sono ritratti i momenti più felici della sua vita, soprattutto i tempi in cui era stato un servitore fedele di Dio. Questo tormento mentale gli ricorda la felicità che provava alla presenza di Dio, le benedizioni abbondanti che aveva ricevuto dal Signore e tutte le opportunità di circoncidere il suo cuore che aveva perso. Ora sì che è cosciente della sua avidità e della sua falsità, sa benissimo che si trova qui a ricevere una punizione tanto terribile proprio a causa di queste peculiarità.

Sul soffitto del luogo in cui il dannato si trova, è possibile scorgere della frutta in grande quantità, tutta nera, marcia e rinsecchita. Così, dopo che il messaggero ha mostrato al dannato le immagini, gli indica il soffitto e si beffa di lui dicendogli:

"Ecco, guarda, questo è il frutto della tua avidità!" e lascia cadere uno alla volta questi "frutti", solo che ogni frutto è una testa, la testa recisa di uno di quelli che hanno seguito questo ministro impenitente sfidando Dio. Questi uomini hanno commesso il suo stesso peccato, ma di loro rimangono solo le teste appese al soffitto, dopo che il corpo gli è stato consumato via a causa delle atroci torture a cui sono stati sottoposti. Il dannato legato all'albero ha tentato e ingannato tutte queste persone in modo che anche loro seguissero la sua avidità e i suoi piani malvagi, ecco perché sono diventati il frutto della sua cupidigia.

Ogni qualvolta un servitore infernale lo schernisce, un "frutto" viene fatto cadere. Le teste che cadono dal soffitto sono come quelle mostrate nei peggiori film horror, o come quelle che si vedono in quei documentari dove sono state riprese persone decapitate in cui si mostra la testa del morto con i capelli disordinati, la faccia insanguinata, le labbra rigonfie e gli occhi allucinati.

### Le teste precipitate dal soffitto mordono il dannato legato al tronco

Quando una di queste teste orribili piomba giù dal soffitto, si aggrappa al corpo del dannato addentandolo, iniziando a portargli via le gambe a morsi.

Il messaggero poi fa passare altre immagini e beffeggia il dannato dicendogli: "...guarda com'è stata appesa bene la tua avidità!", ed immediatamente dal soffitto precipita un'altra testa e questa volta gli afferra violentemente, con i denti, un braccio.

Ogni qualvolta il messaggero schernisce il dannato, viene fatta precipitare una testa, una alla volta. Dopo un po' l'immagine impietosa che si presenta è quella del dannato che ha teste penzolanti da tutto il corpo, quasi fosse un albero carico di frutti! Il dolore di essere morso in questo modo è completamente diverso da quello dei morsi che potremmo subire da qualcuno o da un animale di questo mondo, perché il veleno presente nei denti di questi dannati decapitati si espande nella carne e arriva fino alle ossa, irrigidendo il corpo finché non diventa livido. Il dolore è così acuto che essere morsi da insetti o sbranati da una bestia, come può accadere sulla terra, è molto, molto meno doloroso.

Le anime di cui è rimasta solo la testa, hanno subito un tormento atroce, gli è stato consumato via e mietuto il corpo a pezzi, quanto rancore pensate che serbino contro il dannato che li ha indotti a sfidare Dio? Certo, ognuno è responsabile personalmente delle proprie azioni, ma ora, l'unico desiderio che hanno è quello di fargliela pagare più duramente che possono per averli trascinati con sé nella sua caduta disonesta e disperata. Il dannato sa molto bene che è punito a causa della sua avidità, ma invece di implorare perdono e pentirsi dei suoi peccati, maledice le teste dei dannati che man mano lo mordono e gli staccano la carne, più tempo passa, più sono le teste che lo addentano, maggiore il dolore e maggiori le sue imprecazioni irripetibili.

## Non commettere peccati imperdonabili

Negli ultimi paragrafi ho descritto cinque punizioni, tutte

inflitte su delle persone che hanno sfidato Dio, opponendosi alla sua opera. Tali anime ricevono punizioni più pesanti degli altri perché, essendo stati leader nelle loro chiese, hanno lavorato per il Signore, per espandere il Suo regno, quindi, ricordatevi, che molte delle anime precipitate nell'Ades sono state Suoi servitori, hanno servito la chiesa e credevano in Lui.

Ecco perché ti chiedo con il cuore in mano di non parlare mai contro e di non opporti in nessun caso all'opera dello Spirito Santo, di non bestemmiare contro di Lui, perché nessuno spirito di pentimento sarà dato a quelli che Gli si oppongono, soprattutto dopo che hanno professato la loro fede in Dio e sperimentato personalmente l'opera sua. Per questi non c'è pentimento possibile.

Dai primi giorni del mio ministero a oggi, se c'è una cosa che non ho mai fatto, è stata criticare una chiesa o un servitore di Dio, e mai ho detto di un ministerio che fosse "apostata", "eretico" o "fuori dottrina". Io so solo che se una chiesa, una denominazione, il suo pastore, crede nel Dio Trino, riconosce l'esistenza del cielo e dell'inferno e predica il messaggio della salvezza attraverso Gesù Cristo, non può essere eretica o fuori dottrina. Se però, ti metti contro l'opera di Dio, sfidando così lo Spirito Santo, - in pratica fermando l'avanzamento del Regno con la tua bocca - condannando e disprezzando una chiesa o un suo servo, attraverso i quali la sua autorità è manifesta ed affermata, ricordati che per questo tipo di peccato, non c'è perdono.

Finché la verità non è accertata, nessuno si può alzare e pubblicamente condannare un altro ministerio definendolo "apostata", "eretico" o "blasfemo".

# Non abbandonare il compito che Dio ti ha affidato

Mai dovremmo abbandonare, a nostra personalissima discrezione, il compito che il Signore ha affidato alla nostra vita, in nessuna circostanza. Gesù diede molta importanza al "lavoro assegnato", attraverso la parabola dei talenti (Matteo 25).

Un uomo, in procinto di partire per un lungo viaggio, fece una riunione con tutte le persone che lavoravano per lui ed affidò loro la sua proprietà, a ognuno secondo le proprie abilità. Diede cinque talenti al primo servitore, due al secondo ed uno all'ultimo. Il primo e il secondo servitore si misero subito in moto per far fruttare quello che era stato loro dato, ed ognuno ne guadagnò il doppio. Il servitore che aveva ricevuto un solo talento, invece, pensò bene di scavare una buca e nascondere il denaro che gli aveva affidato il datore di lavoro. Passò molto tempo, il padrone ritornò e saldò i conti con ognuno di loro. Gli uomini che avevano ricevuto rispettivamente i cinque e due talenti gli presentarono il loro profitto: esattamente il doppio. L'uomo allora li lodò dicendo: "Ben fatto, siete stati dei servitori capaci e fedeli!" Quello che aveva ricevuto un solo talento era molto desolato perché non aveva messo a frutto il denaro preso - neanche presso una banca - ma lo aveva addirittura nascosto!

"Il talento" in questa parabola si riferisce al compito che Dio ha assegnato alla vita di ognuno di noi. Il passaggio biblico è molto chiaro, non ha bisogno di interpretazioni: Dio abbandona quell'operaio che ha deciso di non fare nulla, di non portare a termine ciò che gli era stato affidato. Eppure, ciononostante,

149

molte sono le persone che abbandonano il dovere che Dio gli ha commissionato. Tutti quelli che trascurano il loro compito saranno giudicati nel giorno del giudizio.

## Getta via l'ipocrisia e circoncidi il cuore

Gesù parlò anche dell'importanza della circoncisione del cuore, rimproverando pesantemente gli insegnanti della legge e i farisei, definendoli ipocriti. Sembravano vivere una vita fedele, ma i loro cuori erano pieni di malvagità, così Gesù li ammonì dicendo che erano delle tombe imbiancate.

> *"Guai a voi, scribi e farisei ipocriti! Perché rassomigliate a sepolcri imbiancati, i quali di fuori appaiono belli, ma dentro sono pieni di ossa di morti e di ogni putredine. Così anche voi di fuori apparite giusti davanti agli uomini, ma dentro siete pieni d'ipocrisia e d'iniquità." (Matteo 23:27-28).*

Non serve a nulla acconciarti per bene e vestirti come si deve se il tuo cuore è pieno di gelosia, di odio e di arroganza. Dio vuole che i nostri cuori siano circoncisi, che siano liberi dalla malvagità, più di qualsiasi altra cosa. Evangelizzare, preoccuparsi della fratellanza, servire l'opera di Dio, è tutto importantissimo, ma la cosa vitale è amare Dio, camminare nella luce e somigliare a Lui ogni giorno di più. Sforzatevi di essere santi come Dio è santo, di essere perfetti come Lui è perfetto.

Vale lo stesso, se lo zelo che hai nel portare avanti l'opera di

Dio non procede da una fede vera e da un cuore sincero, perché prima o poi degenererà e Lui non si compiacerà più di te. D'altro canto, se uno circoncide il suo cuore per divenire santo, l'aroma che sprigionerà sarà un odore soave per il Signore.

Non importa quanto hai nozione della parola di Dio, la tua conoscenza e le competenze che possiedi, la cosa più importante è che tu viva secondo la Parola.

Non dimenticare mai che esiste l'inferno, purifica il tuo cuore fino al giorno del ritorno di Gesù, così che sarai uno dei primi ad abbracciarlo.

*"Ora noi non abbiamo ricevuto lo spirito del mondo, ma lo Spirito che viene da Dio, affinché conosciamo le cose che ci sono state donate da Dio. Di queste anche parliamo, non con parole insegnate dalla sapienza umana ma insegnate dallo Spirito Santo, esprimendo cose spirituali con parole spirituali. Or l'uomo naturale non riceve le cose dello Spirito di Dio, perché sono follia per lui, e non le può conoscere, poiché si giudicano spiritualmente." (1 Corinzi 2:12-14).*

Senza l'opera e l'aiuto dello Spirito Santo, come potrebbe un essere umano, carnale, comprendere le cose spirituali?

Dio Stesso mi ha rivelato questa testimonianza sull'inferno e per questo, io reputo ogni sua parte vera. Le punizioni in inferno sono così orribili che invece di raccontare i dettagli di quello che ho visto, ho preferito descrivere solo alcuni casi

151

di tormento. Tieni a mente, inoltre, che molte fra le persone precipitate nell'Ades, sono credenti, o meglio, persone che una volta servivano Dio e gli erano fedeli.

Se non sei saldo, vale a dire se tu non preghi ogni giorno e non circoncidi il tuo cuore, verrai sicuramente tentato da Satana che non vuole altro che opporsi all'opera di Dio, e se cedi alla tentazione, cosa molto probabile, finirai all'inferno!

Io prego nel nome di Dio che tu possa comprendere pienamente il terrore e la miseria dell'inferno, così da sforzarti di condurre quante più anime puoi sulla via della salvezza, predicando diligentemente il vangelo, pregando ferventemente, ed esaminando sempre te stesso per essere certo di giungere alla salvezza eterna.

# Capitolo 7

# Salvezza durante la grande tribolazione

Se analizziamo attentamente il flusso della storia e le profezie nella Bibbia, ci rendiamo conto che il tempo è maturo e che il ritorno del Signore è veramente vicino. Negli ultimi anni ci sono stati terremoti di elevata magnitudine, catastrofi che si verificano una volta in centinaia di anni, inondazioni disastrose ed anche lo tsunami.

Se questo non fosse abbastanza, sempre più frequentemente pezzi interi di boschi e foreste vengono distrutti da incendi, uragani e tifoni lasciano dietro di sé distruzione e morte. In Africa e in Asia, molte persone soffrono e muoiono di fame a causa di lunghe siccità e ormai in ogni parte del mondo si sperimentano anomalie climatiche causate dell'assottigliamento dello strato di ozono, "El Niño", "La Niña" e molti altri.

Inoltre, aumentano guerre e conflitti fra paesi, atti terroristici e molte altre forme di violenza. Atrocità che violano ogni principio morale sono all'ordine del giorno e così tanto normali che quotidianamente i mass media trasmettono notizie incredibili.

Tutti questi fenomeni sono stati profetizzati da Gesù, duemila anni fa, quando rispose alla domanda dei suoi discepoli: "Dicci, quando avverranno queste cose? E quale sarà il segno della tua venuta e della fine dell'età presente?". (Matteo 24:3).

### Non rispondono forse a verità le seguenti affermazioni?

*"Infatti si solleverà popolo contro popolo e regno contro regno; vi saranno carestie, pestilenze e terremoti in vari luoghi. Ma tutte queste cose saranno soltanto l'inizio delle doglie di parto..." (Matteo 24:7-8).*

*"Se possedete la vera fede, allora anche voi sapete che il ritorno di Gesù è molto vicino e per questo, vi imploro, tenete accesa la vostra lampada per non essere dimenticati come le 5 vergini sciocche." (Matteo 21:1-3).*

## L'Avvento di Cristo e il rapimento

Approssimativamente 2000 anni fa, il nostro Signore Gesù è morto sulla croce, risorto il terzo giorno ed asceso in cielo di fronte a una grande folla. Atti 1:11 ci dicono che *"Questo Gesù, che è stato portato in cielo di mezzo a voi, ritornerà nella medesima maniera in cui lo avete visto andare in cielo"*.

## Gesù ritornerà nelle nuvole

Gesù Cristo ha aperto al modo la via della salvezza, è salito in cielo, ora siede alla destra di Dio e prepara un luogo per noi. Nel momento scelto da Dio e quando le nostre dimore celesti saranno pronte, Gesù ritornerà per prenderci come Egli stesso ha profetizzato in Giovanni 14:3: *"E quando sarò andato e vi avrò preparato il posto, ritornerò e vi accoglierò presso di me, affinché dove sono io siate anche voi"*.

## Come sarà il secondo ritorno di Gesù?

1 Tessalonicesi 4:16-17 dipinge questa scena:

> *"...perché il Signore stesso con un potente comando, con voce di arcangelo con la tromba di Dio discenderà dal cielo, e quelli che sono morti in Cristo risusciteranno per primi; poi noi viventi, che saremo rimasti saremo rapiti assieme a loro sulle nuvole, per incontrare il Signore nell'aria; così saremo sempre col Signore"*.

Che splendore vedere Gesù che ritorna circondato dall'esercito celeste, dagli angeli e dalle nuvole! In quel momento, tutti i salvati per fede saranno presi nell'aria per poi recarsi al banchetto nuziale che durerà sette anni.

I morti in Cristo per primi, seguiti poi dai vivi, ed il corpo mortale di ognuno sarà trasformato in un corpo immarcescibile.

## Il rapimento e il banchetto di nozze di sette anni

Il "rapimento" è l'evento in cui tutti i credenti saranno portati in alto nell'aria, ma, dove nella Bibbia si fa menzione dell'aria?

Secondo Efesini 2:2, "...nei quali già camminaste, seguendo il corso di questo mondo, secondo il principe della potestà dell'aria, dello spirito che al presente opera nei figli della disubbidienza..." L'aria è il luogo dove gli spiriti maligni hanno autorità, che di certo non è però il posto dove avverrà il banchetto della Sposa.

Dio nostro Padre, ha, infatti, preparato un luogo speciale per il ricevimento nuziale, e la ragione per cui la Bibbia lo definisce "aria" (proprio come il luogo su cui hanno autorità gli spiriti maligni) è perché i due posti si trovano nello stesso spazio.

Se guardi al cielo con gli occhi mi rendo conto che puoi trovare difficile capire dove sia "l'aria" — dove noi incontreremo Gesù e si terrà il banchetto di nozze di sette anni. Chiarimenti e studi approfonditi su questi argomenti si trovano in mie altre pubblicazioni, nella serie "Lezioni sulla Genesi" e in *"Cielo II"*. Ti invito ed incoraggio a leggere anche questi testi per avere una comprensione migliore del mondo spirituale, perché è di vitale importanza conoscere queste cose della Bibbia per come la Bibbia le insegna.

Puoi immaginare la felicità di tutti i credenti in Cristo di ogni secolo che si preparano ad essere la sua sposa quando finalmente incontreranno lo sposo e parteciperanno al banchetto nuziale che dura ben sette anni?

*"Rallegriamoci, giubiliamo e diamo a lui la gloria,*

*perché sono giunte le nozze dell'Agnello e la sua sposa*
*si è preparata. E le è stato dato di essere vestita di lino*
*finissimo, puro e risplendente, poiché il lino finissimo sono*
*le opere giuste dei santi». Quindi mi disse: «Scrivi: Beati*
*coloro che sono invitati alla cena delle nozze dell'Agnello».*
*Mi disse ancora: «Queste sono le veraci parole di Dio»."*
*(Apocalisse 19:7-9).*

Tutti i redenti, rapiti nell'aria, riceveranno una ricompensa
per avere vinto il mondo, al contrario degli altri che rimasti sulla
terra soffriranno afflizioni inimmaginabili per mano di tutti gli
spiriti malvagi che Gesù caccerà via dall'aria quando tornerà!

# I sette anni della grande tribolazione

Mentre nell'aria i redenti godranno del banchetto di nozze
per sette anni, sulla terra, tutti quelli che sono stati lasciati
dovranno fronteggiare tribolazioni senza precedenti, disastri
indescrivibili e tremendi che colpiranno l'umanità, per sette anni.

### La III Guerra mondiale ed il marchio della bestia

Ci sarà una guerra nucleare planetaria, la III guerra mondiale,
in cui un terzo di tutti gli alberi sulla terra sarà bruciato ed
un terzo dell'umanità morirà. Durante questa guerra sarà
molto difficile trovare aria respirabile ed acqua pulita a causa
dell'inquinamento massiccio e dei prezzi dei generi alimentari e

di prima necessità che saliranno alle stelle.

Sarà così introdotto il marchio della bestia, il "666", e tutti dovranno portarlo, sulla fronte o sulla mano destra per garantire in questo modo l'identità di ognuno, e, se un individuo rifiuta di riceverlo, non potrà fare nessuna transazione economica ed acquistare quindi le cose di cui ha bisogno.

> "Inoltre faceva sì che a tutti, piccoli e grandi, ricchi e poveri, liberi e servi, fosse posto un marchio sulla loro mano destra o sulla loro fronte, e che nessuno potesse comperare o vendere, se non chi aveva il marchio o il nome della bestia o il numero del suo nome. Qui sta la sapienza. Chi ha intendimento conti il numero della bestia, perché è un numero d'uomo; e il suo numero è seicentosessantasei." (Apocalisse 13:16-18).

Fra gli uomini e le donne che sono stati lasciati sulla terra dopo il ritorno di Gesù e il rapimento della chiesa, ci sono persone che conoscono il vangelo, che frequentavano chiesa, che hanno abbandonato deliberatamente la propria fede, e quelli che invece pensavano di essere a posto, ed ora ricordano la parola di Dio.

Ah, se avessero creduto con tutto il cuore nella Bibbia e condotto una vita vera in Cristo! Ed invece, sono stati tiepidi, in fondo in fondo credevano che "...se esistono il cielo e l'inferno lo si potrà verificare solo dopo la morte...", e questo ha impedito loro di avere la fede forte che occorre per ottenere e mantenere la salvezza.

## Punizioni per quelli che ricevono il marchio della bestia

Questi pseudo-credenti, o meglio, conoscitori della parola di Dio, dopo gli eventi ed il rapimento della chiesa, comprenderanno che ogni parola della Bibbia è vera. Per questo si addolorano, piangono amaramente, sono presi da una grande paura, si pentono per non avere vissuto secondo la volontà di Dio e cercano disperatamente un via di salvezza. Sanno che se riceveranno il marchio della bestia sono destinati all'inferno, e fanno di tutto per evitare di riceverlo. In questo modo, forse, potranno provare la loro fede.

*"Un terzo angelo li seguì dicendo a gran voce: «Se uno adora la bestia e la sua immagine e ne prende il marchio sulla sua fronte o sulla sua mano, berrà anch'egli il vino dell'ira di Dio, versato puro nel calice della sua ira e sarà tormentato con fuoco e zolfo davanti ai santi angeli e davanti all'Agnello. E il fumo del loro tormento salirà nei secoli dei secoli, e non avranno requie né giorno né notte coloro che adorano la bestia e la sua immagine e chiunque prende il marchio del suo nome». Qui è la costanza dei santi; qui sono coloro che osservano i comandamenti di Dio e la fede di Gesù."* (Apocalisse 14:9-12).

Purtroppo, però, non è affatto facile rifiutare il marchio della bestia in un mondo dove gli spiriti maligni hanno preso il sopravvento su tutto. Gli spiriti, coscienti che se queste persone rifiutano il marchio del 666 moriranno da martiri e otterranno la salvezza eterna, non vogliono che questo accada e non si arrendono facilmente.

2000 anni fa, durante i primi giorni della storia della chiesa, le autorità di allora perseguitarono violentemente i cristiani, crocifiggendo, decapitando, o abbandonando in balia dei leoni migliaia di uomini, donne e bambini. Se fosse questo il martirio che gli spiriti intendono dare a quanti si rifiutano di ricevere il marchio della bestia durante la grande tribolazione, sarebbe una morte veloce. Gli spiriti costringeranno queste persone a negare Gesù in tutti i modi possibili, mobilitando ogni risorsa abbiano contro di loro. Il suicidio per evitare i tormenti e le torture non è una strada possibile, perché chi si si toglie la vita, precipita all'inferno.

## Ci saranno dei martiri

Nei capitoli precedenti ho menzionato alcuni metodi di tortura messi in atto dagli spiriti maligni. Durante la grande tribolazione sarà legale applicare ogni possibile forma di tortura, anche le più inimmaginabili, e, proprio perché sono quasi impossibili da sopportare, solamente un piccolo numero di persone riceverà davvero la salvezza durante questo periodo.

Ecco perché noi che sappiamo tutte queste cose, dobbiamo possedere quella fede forte che ci permetterà di incontrare Gesù nell'aria quando Lui ritornerà.

Mentre pregavo, Dio mi ha mostrato una visione in cui ho visto come saranno torturate le persone lasciate sulla terra dopo il rapimento - quelli che non vogliono il marchio della bestia. Ho visto anche che la maggior parte di loro non era capace di sopportare le sevizie e alla fine, quasi tutti soccombevano agli spiriti.

Le torture variano, dall'abrasione della pelle alla frantumazione delle giunture, al taglio delle dita delle mani e dei piedi all'olio bollente versato sul corpo. Chi riesce a resistere al proprio tormento difficilmente sopporta la vista dei suoi cari, genitori, figli piccoli, parenti, su cui sono inflitte altrettante torture, e soccombe al 666.

Ciononostante, ci sarà un piccolo numero di persone che supererà tutte le tentazioni e i tormenti: loro riceveranno la salvezza. Certo, è la salvezza "per il fuoco", dimoreranno in paradiso che è la parte più bassa del regno dei cieli, ma saranno pur sempre felici e grati di non essere precipitati all'inferno.

Ecco perché noi siamo obbligati a diffondere il messaggio della salvezza eterna (e di conseguenza anche della perdizione eterna e dell'inferno) in tutto il mondo. Anche se ora la maggior parte della gente non presta attenzione alle nostre parole, se le ricorderanno durante la grande tribolazione, potrebbero avere la possibilità di salvarsi.

Ho sentito alcuni dire che, se veramente tutte queste cose accadranno, allora sapranno che il messaggio del vangelo era vero ed avranno la forza di sopportare il martirio.

Io mi chiedo, però, se non sono riusciti ad avere fede in questo tempo di pace, come faranno a difendere la loro presunta novella fede nel mezzo di un tormento così brutale? Ma se non siamo neanche in grado di indovinare quello che ci accadrà nei prossimi dieci minuti, come si fa a credere ad una cosa del genere! Inoltre, potrebbero anche morire senza ricevere un'opportunità di essere dei martiri ed in quel caso li attende solo l'inferno.

## Martirio durante la grande tribolazione

In modo di facilitare la comprensione di ciò che avverrà durante la grande tribolazione, e di conseguenza di aiutarti a restare sveglio nel tuo spirito per evitarla, permettimi di spiegare con maggiori dettagli l'esempio di una donna.

Quest'anima aveva ricevuto grazia in abbondanza, vedeva e sentiva le cose nascoste e gloriose di Dio, ma il suo cuore era ancora pieno di malvagità e la sua fede era piccola.

Avendo ricevuto questi doni incredibili, svolse un ruolo cruciale nell'espansione del regno di Dio, e Lui spesso si compiaceva delle sue azioni. È facile presumere che quanti svolgono un ruolo importante nella chiesa siano uomini e donne di grande fede. Questo, purtroppo, non è sempre, vero. Dalla prospettiva di Dio, molti sono i credenti la cui fede è tutto meno che grande, perché Lui non misura la fede carnale, ma la fede spirituale.

### Dio vuole la fede spirituale

Ma cos'è la "fede spirituale"? Cerchiamo di capirlo meglio attraverso il racconto della liberazione degli israeliti dall'Egitto. Il popolo d'Israele era stato diretto testimone delle dieci piaghe che Dio aveva mandato, della divisione del mar rosso, del Faraone e del suo esercito inghiottito dal mare. Sperimentarono la guida diretta di Dio con la colonna di fuoco la notte e la nuvola di giorno, mangiarono la manna del cielo ogni ventiquattrore, sentirono la voce di Dio nelle nuvole, bevvero l'acqua della roccia colpita da Mosè e videro l'acqua amara di Marah diventare potabile. Avevano testimoniato forse più di qualsiasi altro popolo, ripetutamente, l'opera diretta della mano di Dio, ma la loro fede non era accettabile per Lui. Ecco perché non entrarono nella Terra Promessa di Canaan. (Numeri 20:12).

La fede senza azione, indipendentemente dei miracoli di cui si è stati testimoni e di quanto si conosce di Dio, non è la vera fede. Se possediamo la fede spirituale, agiremo secondo la Parola in ogni circostanza, saremo obbedienti, circoncideremo i nostri cuori, evitando ogni malignità. La nostra fede è "grande" o "piccola" in base all'obbedienza della Parola. Comportati e vivi secondo la Parola e che il tuo cuore assomigli a quello di Dio.

## Disubbidienza ripetuta in arroganza

Ecco perche la donna di cui stiamo parlando aveva una piccola fede. Circoncise il suo cuore per un tempo ma non abbandonò completamente la radice maligna, e, proprio perché si trovava in una posizione da ministro, in quanto predicava la parola di Dio, divenne sempre più arrogante.

In cuor suo pensava di avere una fede grandissima, arrivando a sostenere che Dio non poteva portare a compimento il suo volere senza la sua assistenza o la sua presenza. Invece di dare gloria a Lui per i suoi doni, se ne prendeva il credito, sempre di più, ed in ultimo, dispose della proprietà di Dio — monetaria (ndt) — per soddisfare i desideri della sua natura peccaminosa.

Perseverò nel suo comportamento disobbediente, se sapeva che la volontà di Dio per lei era di andare ad est, lei andava ad ovest, e, come Dio abbandonò Saul il primo re d'Israele a causa della sua disubbidienza (1 Samuele 15:22-23), abbandonò lei. Non importa se sei stato usato in passato da Dio per adempiere ed espandere il suo regno, se disobbedisci, sempre e ripetutamente, questo porterà Dio a voltarti la faccia.

Questa donna conosceva la Parola ed era consapevole dei suoi peccati, per questo si pentì, si pentiva ogni volta, ma la preghiera di pentimento era solo sulle sue labbra, non veniva dal suo cuore. Continuò imperterrita a commettere sempre le stesse trasgressioni, elevando un muro altissimo di peccato tra Dio e lei.

2 Pietro 2:22 dice: *"Ma è avvenuto loro ciò che dice un vero proverbio: «Il cane è tornato al suo vomito», e «la scrofa lavata è tornata a voltolarsi nel fango»."*

Alla fine, intrappolata nella sua stessa arroganza, avidità, e altri innumerevoli peccai, Dio le ha voltato la faccia ed ora è uno strumento nelle mani di Satana contro Dio.

## Viene data un'opportunità di pentimento?

Generalmente, quelli che si oppongono, e parlano contro l'opera dello Spirito Santo, bestemmiando, non possono essere perdonati, perché dopo questo peccato non ricevono più nessuna opportunità di pentimento e quando muoiono precipitano in Ades.

Questa donna però ha una storia un po' diversa. Nonostante tutti i suoi peccati e quel comportamento malvagio che tanto aveva deluso Dio, Egli le ha lasciato diverse "ultime opportunità" di pentimento, perché è stata veramente un grandissimo strumento per il regno di Dio. Per questo, anche se ha deliberatamente abbandonato il suo dovere e dimenticato la promessa della gloria e delle ricompense celesti, Lui le concederà un'opportunità di ravvedimento "in extremis".

Oggi ancora si oppone Dio e allo Spirito Santo, perché questi pensieri e queste azioni sono ormai diventate un istinto per lei, ma attraverso la grazia speciale di Dio, avrà una finale opportunità di pentirsi e di ricevere la salvezza durante la grande tribolazione, proprio attraverso il martirio.

I suoi pensieri sono ancora intrappolati sotto il controllo di Satana ma dopo il rapimento, i suoi sensi si sveglieranno, e siccome conosce bene la parola di Dio, è anche consapevole del percorso, sa qual'è l'unico modo di ricevere la salvezza e si pentirà completamente, si raggrupperà insieme ad altri cristiani che non sono stati rapiti, adorando e pregando con loro che, come lei, si preparano al martirio.

## Se muore da martire riceve la salvezza per il fuoco

Quando il tempo verrà, se lei rifiuterà di ricevere il marchio della bestia, sarà torturata da quelli che Satana controlla, le spelleranno via la pelle, strato per strato, ustionandole le parti molli e private a fuoco vivo, facendo in modo che il suo tormento sia doloroso ma molto lungo. Presto la stanza dove viene torturata sarà intrisa di odore di carne umana che brucia, il suo corpo imbrattato di sangue dalla testa ai piedi, la testa che penzola e la faccia scura e livida, ora assomiglia più a un cadavere che a una persona in vita.

Se riuscirà a sopportare questo tormento fino alla fine, nonostante i suoi peccati innumerevoli e la malvagità che le riempiva il cuore, lei riceverà la salvezza per il fuoco ed entrerà in paradiso, che è la "periferia" del cielo, il luogo il più lontano dal trono di Dio. Chiaramente, sarà grata e gioiosa di essere stata salvata, ma si rammaricherà molto di non aver potuto vivere vicino alla Nuova Gerusalemme, dicendo: "...ah, se solo mi fossi liberata della mia malignità ed avessi seguito di cuore il lavoro che Dio mi aveva affidato, ora sarei nel luogo più glorioso del regno dei cieli, nella Nuova Gerusalemme..." Quando nel regno dei cieli incontrerà persone che conosceva in questa vita che vivono nella Città Santa si sentirà per sempre imbarazzata.

## Se riceve il marchio del 666

Se però non sopporta il tormento e riceve il marchio della bestia, prima del millennio sarà gettata nell'Ades dove verrà punita, sarà crocifissa alla destra di Giuda Iscariota e le sue torture in Ades non sono altro che la ripetizione delle sevizie che ha ricevuto durante la tribolazione, per più di mille anni la pelle del suo corpo sarà spellata via e ustionata ripetutamente con il fuoco.

Sarà seviziata da tanti messaggeri infernali e da tutti quelli l'hanno seguita nelle sue vie malvagie, che puniti anche loro secondo le proprie azioni malvagie, vogliono vendicarsi di lei riversandole addosso tutta la loro rabbia.

Le torture dell'Ades andranno avanti fino alla fine del millennio, dopo di che verrà il giudizio e tutti i dannati dell'Ades andranno all'inferno che brucia con il fuoco e lo zolfo, dove punizioni più severe li attendono.

# Il secondo avvento di Cristo e il millennio

Quindi, Gesù Cristo ritornerà nell'aria e quelli che sono stati rapiti godranno di un banchetto nuziale per sette anni con Lui, mentre sulla terra, sotto il dominio degli spiriti maligni cacciati via dall'aria avrà luogo la grande tribolazione.

Poi, Gesù Cristo ritornerà sulla terra ed inizierà il millennio e gli spiriti maligni, durante questo periodo, saranno confinati nell'Abisso. Quelli che hanno partecipato al banchetto nuziale e quelli che sono morti da martiri durante la grande tribolazione regneranno con Lui sulla terra per mille anni.

*Beato e santo è colui che ha parte alla prima risurrezione.*
*Su di loro non ha potestà la seconda morte, ma essi saranno*
*sacerdoti di Dio e di Cristo e regneranno con lui mille anni.*
*(Apocalisse 20: 6).*

Ci sarà anche un piccolo numero di "persone carnali", quelli che sono sopravvissuti durante la grande tribolazione e che vivrà anche sulla terra durante il millennio. Tutti quelli che invece sono morti senza la salvezza continueranno ad essere puniti nell'Ades.

## Il regno del millennio

Quando ci sarà il millennio, l'esistenza degli uomini sarà serena, come ai giorni del giardino dell'Eden, perché non ci sono spiriti maligni. Gesù Cristo ed i salvati, gli "uomini spirituali" vivranno in castelli che assomigliano a castelli reali, nella città, separati dagli "uomini carnali" quelli che hanno scampato la grande tribolazione, che invece vivranno fuori da questa città.

Prima del millennio Gesù Cristo ha ripulito la terra, purificando l'aria inquinata, rinnovando alberi, piante, montagne, e ruscelli. Ora l'ambiente è perfetto e meraviglioso.

Gli "uomini carnali" sono molto impegnati a riprodursi e a partorire figli, altrimenti la loro specie si estinguerebbe visto che sono rimasti in pochi, e l'aria pulita e l'assenza degli spiriti maligni favorisce una vita molto lunga e senza malattie, inoltre, la malvagità nel cuore degli "uomini carnali" non viene rivelata in questo periodo perché gli spiriti, che diffondono male, sono confinati nell'Abisso.

Come ai giorni di Noè, gli uomini vivranno per centinaia di anni e presto la terra si riempirà. Gli uomini, la cui civiltà tecnologica è stata interamente distrutta dalla grande tribolazione, impiegheranno diverse centinaia di anni per arrivare al livello di avanzamento scientifico odierno. Con il passare del tempo, comunque, acquisteranno di nuovo saggezza e conoscenza.

## Gli "uomini spirituali" e gli "uomini carnali" dimoreranno insieme

Non è necessario per gli uomini spirituali che vivono con Gesù Cristo sulla terra mangiare la carne, come fanno gli uomini carnali, perché il loro corpo è stato trasformato e ora hanno un corpo incorruttibile, un corpo resuscitato e spirituale. In sostanza non hanno bisogno di nutrirsi, possono vivere dell'aroma profumato dei fiori, ma se lo desiderano, possono mangiare del cibo come gli "uomini carnali". Non si mangia carne ma solo i frutti della terra, perché non esiste nessuna distruzione della vita. In ogni caso, gli uomini spirituali non godono del cibo fisico come ora noi ed anche se lo mangiano, non espellono nulla. Come Gesù risorto che mangiò del pesce e respirava, il cibo che mangiano gli "uomini spirituali" si espelle attraverso l'aria mentre respirano.

Le persone spirituali predicano e testimoniano di Gesù Cristo alle persone carnali, in modo che, alla fine del millennio, quando gli spiriti saranno rilasciati per un breve momento fuori dall'Abisso, non saranno tentati da loro. Questo periodo è prima del giudizio, infatti, la Bibbia dice che Dio non ha ancora confinato per sempre gli spiriti maligni nell'Abisso ma solo per mille anni (Apocalisse 20:3).

### Alla fine del millennio

Quando il millennio finirà, gli spiriti che sono stati confinati nell'Abisso per mille anni, verranno rilasciati per un breve periodo, tentando e cercando di ingannare gli "uomini carnali" che vivono pacificamente sulla terra. La maggior parte di loro verrà ingannata, purtroppo, sebbene siano stati avvertiti dagli "uomini spirituali" di quello che sarebbe successo alla fine dei mille anni, ma gli uomini terreni cederanno alla tentazione degli spiriti maligni e progettano una guerra contro gli "uomini spirituali".

> *"E quando quei mille anni saranno compiuti, Satana sarà sciolto dalla sua prigione e uscirà per sedurre le nazioni che sono ai quattro angoli della terra, Gog e Magog, per radunarle per la guerra; il loro numero sarà come la sabbia del mare. Esse si muoveranno su tutta la superficie della terra e circonderanno il campo dei santi e la diletta città. Ma dal cielo scenderà fuoco, mandato da Dio, e le divorerà."* (Apocalisse 20:7-9).

Dio distruggerà con il fuoco gli "uomini carnali" cha hanno fatto guerra agli "uomini spirituali" e getterà di nuovo gli spiriti nell'Abisso dopo il giudizio del grande trono bianco.

Anche gli uomini vissuti durante il millennio saranno giudicati secondo la giustizia di Dio. Da un lato tutti quelli che sono scampati ai sette anni di grande tribolazione, saranno gettati all'inferno, dall'altro quelli che hanno ricevuto la salvezza entreranno nel cielo e, secondo la loro fede, risiederanno in luoghi di dimora differenti all'interno del regno dei cieli: il paradiso, il primo, il secondo e il terzo cielo, la Nuova

Gerusalemme.

Dopo il giudizio del grande trono bianco, il mondo spirituale sarà diviso in modo netto tra cielo e inferno. Su questo argomento fornirò maggiori spiegazioni nel capitolo seguente.

## Prepararsi per essere la bellissima sposa del Signore

Per non essere lasciato sulla terra durante la grande tribolazione devi prepararti per essere la meravigliosa sposa di Gesù Cristo, che lo aspetta e non vede l'ora di vederlo apparire nell'aria.

La parabola delle dieci vergini di Matteo 25:1-13 è di grande lezione per tutti i credenti. Anche se dichiari la tua fede in Dio, potresti non arrivare a salutare il tuo sposo Gesù Cristo se non prepari abbastanza olio per la tua lampada. Solo cinque delle vergini erano veramente pronte perché avevano abbastanza olio. Soltanto loro poterono salutare lo sposo e avere accesso al banchetto nuziale. Le altre cinque vergini, impreparate, non arrivarono né a salutarlo né alla cena di matrimonio.

Ma per noi, cosa significa essere trovati pronti come le cinque vergini, come facciamo a prepararci per scampare alla grande tribolazione e prendere parte al banchetto nuziale del Signore?

### Pregare ferventemente e tenere alta la guardia

Anche se sei un nuovo credente e la tua fede è debole, fai del tuo meglio per circoncidere il tuo cuore, Dio ti proteggerà anche nel mezzo delle difficoltà più roventi, Lui ti avvolgerà con una coperta di vita e ti farà superare tutte le prove, e anche facilmente.

Tuttavia, Dio non può proteggere quelli che sono stati credenti per molto tempo, hanno compiuto il suo dovere e conoscono bene la parola di Dio, se smettono di pregare, di adorare e di purificarsi, abbandonando anche la circoncisione del loro cuore.

Quando affronti le difficoltà devi essere capace discernere la voce dello Spirito Santo per superarle, ma se non preghi, come fai ad udire la sua voce e condurre una vita vittoriosa? Infatti, senza la guida dello Spirito Santo potrai contare solo sui tuoi pensieri e questo non farà altro che esporti alle tentazioni di Satana.

Inoltre, ora che siamo sempre più vicini alla fine dell'età presente, gli spiriti maligni vagano in cerca di preda come leoni ruggenti, bramando qualcuno da divorare perché sanno che anche la loro fine è vicina. Pensate agli studenti, soprattutto quelli pigri, che nei giorni prima degli esami studiano a volte anche per 18 ore senza neanche dormire. Anche tu che sei un credente consapevole di vivere negli ultimi tempi, devi restare spiritualmente sveglio, essere sempre vigile e prepararti ad essere la sposa di Dio.

## Abbandonare il male e somigliare sempre di più a Lui

Cosa significa essere sempre vigili? Pregare continuativamente, essere senza eccezione sempre ripieni dello Spirito Santo, credere e vivere secondo la parola di Dio.

Solo in questo modo il tuo spirito sarà sempre in comunione con Dio, non sarai tentato dagli spiriti maligni e potrai superare facilmente le prove, perché lo Spirito Santo ti rende consapevole di ogni cosa in anticipo, guida il tuo cammino e apre davanti ai tuoi occhi la parola della verità.

Vedete, quelli che non mantengono alta l'allerta spirituale non sono in grado di sentire la voce dello Spirito Santo e questo li espone facilmente alla tentazione da parte di Satana, e nel tempo, potrebbe anche condurli alla morte. Per mantenersi vigili, non smetterò mai di ripeterlo, è necessario circoncidere il proprio cuore, comportarsi, vivere secondo la parola di Dio e cercare la santificazione. Apocalisse 22:14 dice: *"Beati quelli che lavano le loro vesti per aver diritto all'albero della vita e per entrare per le porte della città!"* (Nuova Riveduta). Quando si parla di "vesti", così anche in questo passaggio, ci si riferisce sempre agli abiti formali, e, spiritualmente, la "veste" è il tuo cuore, la tua condotta. "Lavarsi le vesti", quindi, significa gettare via ogni parola malvagia dal cuore e seguire Dio, per diventare uomini e donne spirituali, somigliando sempre di più a Gesù Cristo. Quelli che si sono santificati hanno quindi il diritto di attraversare i cancelli del cielo e godere della vita eterna.

## Lavare le proprie vesti in fede

Come facciamo a lavare le nostre vesti? Innanzi tutto circoncidendo il cuore e pregando appassionatamente, in altre parole, liberandoci da ogni falsità e malvagità, riempiendoci solo di verità. Come i vestiti tornano puliti dopo essere stati sciacquati in acqua pulita, anche i tuoi peccati e l'anarchia del tuo cuore si dissolveranno se li lavi con la parola di Dio, l'acqua della vita, e la verità, assomigliando così sempre di più a Gesù Cristo. Dio benedirà chiunque dimostra la vera fede circoncidendo il suo cuore.

Apocalisse 3:5 ci dice, *"Chi vince sarà dunque vestito di vesti bianche e io non cancellerò il suo nome dal libro della vita, ma confesserò il suo nome davanti al Padre mio e davanti ai suoi angeli."* I credenti che superano il mondo in fede e camminano nella verità godranno della vita eterna in cielo perché il loro cuore è ripieno della verità, in loro non è stata trovata alcuna malvagità.

Quelli che, invece, indulgono nell'oscurità non hanno niente a che fare con Dio, a prescindere dai molti anni di cristianesimo accumulati, hanno la nomina di essere vivi, ma in realtà sono morti (Apocalisse 3:1).

Riponi la tua speranza solo in Dio che non ci giudica dal nostro aspetto ma esamina il cuore e le azioni, prega sempre e rispetta la parola di Dio così che anche tu potrai giungere alla salvezza perfetta.

# Capitolo 8

# Le punizioni inflitte in inferno dopo il giudizio universale

Dopo l'avvento di Cristo inizierà il millennio sulla terra, seguito dal giudizio del grande trono bianco. Il Giudizio — che determinerà cielo o inferno, ricompense o punizioni — giudicherà ognuno secondo le proprie azioni in questa vita. Così, alcuni godranno della felicità eterna in cielo ed altri saranno puniti in inferno per sempre. Ora, vorrei studiare più a fondo il giudizio del grande trono bianco, — momento in cui saranno decise le sorti di ognuno, se in cielo o all'inferno — e l'inferno.

## I dannati gettati in inferno dopo il giudizio

Nel 1982, esattamente nel mese di luglio, stavo pregando, preparandomi per l'inizio del mio ministero, ed il Signore mi rivelò quello che avverrà durante il giudizio del grande trono bianco. Vidi Dio seduto sul suo trono, Gesù Cristo e Mosè in piedi di fronte a Lui, e vidi anche degli altri, la giuria. Sebbene Dio giudichi con accuratezza e imparzialità, si avvarrà di Gesù Cristo come avvocato d'amore, di Mosè come pubblico ministero e degli altri come giurati.

## Le punizioni inflitte all'inferno saranno decise nel giorno del giudizio

Apocalisse 20:11-15 ci dice che Dio giudica con accuratezza e giustizia. Il giudizio verrà eseguito seguendo il Libro della Vita dove sono registrati i nomi dei redenti e le azioni di ogni persona.

*"Poi vidi un gran trono bianco e colui che vi sedeva sopra, dalla cui presenza fuggirono il cielo e la terra, e non fu più trovato posto per loro. E vidi i morti, grandi e piccoli, che stavano ritti davanti a Dio, e i libri furono aperti; e fu aperto un altro libro, che è il libro della vita; e i morti furono giudicati in base alle cose scritte nei libri secondo le loro opere. E il mare restituì i morti che erano in esso, la morte e l'Ades restituirono i morti che erano in loro, ed essi furono giudicati, ciascuno secondo le sue opere. Poi la morte e l'Ades furono gettati nello stagno di fuoco. Questa è la morte seconda. E se qualcuno non fu trovato scritto nel libro della vita, fu gettato nello stagno di fuoco."*

Quando in questo passaggio Giovanni scrive "i morti" si riferisce a tutti quelli che non hanno accettato Cristo come loro Redentore o la cui fede è morta. Quando arriverà il tempo che Dio ha scelto, "i morti" resusciteranno e staranno in piedi di fronte al trono di Dio per essere giudicati ed il Libro della Vita verrà aperto davanti all'Eterno.

Oltre al Libro della Vita, nel quale sono registrati tutti i nomi dei redenti, esistono anche altri libri dove sono annotate tutte le azioni di ogni essere umano vissuto sulla terra. Gli angeli, infatti, registrano tutto quello che noi facciamo, diciamo e pensiamo, se malediciamo il nostro prossimo, se lo insultiamo, se colpiamo qualcuno in un momento d'ira, ma anche ogni cosa buona che facciamo, ogni parola giusta, ogni gesto corretto, proprio come noi teniamo i nostri ricordi vivi per molto tempo con una macchina fotografica, ed ora anche dialoghi e scene di vita reale con una videocamera. Dio ha registrato ogni azione di tutti gli esseri umani vissuti sulla terra.

Ecco perché Dio giudicherà in giustizia nel giorno del giudizio, perché terrà conto anche di ciò che riportano questi libri. Quelli che non sono stati salvati saranno giudicati secondo i loro atti malvagi e riceveranno vari tipi di punizioni, secondo la gravità dei loro peccati, eternamente, in inferno.

## Il lago di fuoco e il lago di zolfo che brucia

Quando dice *"il mare restituì i suoi morti"* non significa letteralmente che verranno riportati a galla tutti gli esseri umani morti nel mare, ma piuttosto, "mare" qui rappresenta il mondo intero, vale a dire tutti i morti del mondo che sono tornati ad essere polvere resusciteranno per essere giudicati di fronte a Dio.

Cosa vuol dire, poi, esattamente *"la morte e l'Ades restituirono i morti che erano in loro"*? Che anche tutti quelli che al momento del giudizio si trovano nell'Ades saranno resuscitati e condotti di fronte a Dio per essere giudicati, dopodiché, la maggior parte di loro sarà gettata nel lago di fuoco o nel lago di zolfo che brucia secondo la gravità dei loro peccati perché nell'Ades le punizioni dureranno fino al giorno del giudizio.

*"Ma per i codardi, gl'increduli, gl'immondi, gli omicidi, i fornicatori, i maghi, gli idolatri e tutti i bugiardi, la loro parte sarà nello stagno che arde con fuoco e zolfo, che è la morte seconda." (Apocalisse 21:8).*

Le punizioni che avranno luogo nel lago di fuoco, non sono minimamente comparabili con quelle dell'Ades, come descritto in Marco 9:47-49: *"E se l'occhio tuo ti è occasione di peccato, cavalo; è meglio per te entrare con un occhio solo nella vita, che averne due ed essere gettato nella Geenna del fuoco, dove il loro verme non muore e il fuoco non si spegne. Poiché ognuno deve essere salato col fuoco, e ogni sacrificio deve essere salato col sale."* Inoltre, il lago di zolfo che brucia è sette volte più rovente del lago di fuoco.

Fino al giorno del giudizio, nell'Ades — che è il luogo di attesa per l'inferno — i dannati sono stati rosi dagli insetti, morsi dalle bestie, torturati dai messaggeri infernali e hanno patito diversi tipi di punizioni. Dopo il giudizio su di loro resterà per sempre il dolore provocato dalla permanenza eterna nel lago di fuoco e di zolfo.

## L'agonia del lago di fuoco o di zolfo

Ogni qualvolta predico nella mia chiesa su ciò che il Signore mi ha rivelato dell'Ades, quasi nessuno è in grado di trattenere le lacrime e tutti provano profondo dolore per i dannati costretti in questo luogo disgraziato. Sappiate però, che le sofferenze e le punizioni nel lago di fuoco o di zolfo che brucia sono molti più severe di quelle dell'Ades. Mi rendo conto che sembra impossibile immaginare una cosa simile, infatti, sebbene ci sforziamo, ci è impossibile comprendere appieno le cose del mondo spirituale, ma è proprio così. Similmente, come potremo capire perfettamente la gloria e la bellezza del cielo? Anche la parola "eternità", sì, la diciamo spesso, ma in realtà non siamo molto familiari con concetti così estesi e siamo costretti a sperimentare congetture per dare spiegazioni. Anche se ora proviamo ad immaginare la vita nel cielo, basandoci sulle rappresentazioni mentali di "gioia" "felicità" "meraviglia" e "bellezza" come le conosciamo sulla terra, queste non sono comparabili ai loro equivalenti celesti. Quando arriverai nel regno dei cieli e vedrai tutto con i tuoi occhi, resterai ammutolito e se potesse, ti cadrebbe la mascella a terra!

Allo stesso modo, a meno di non sperimentare personalmente il tormento dell'inferno, difficilmente potremmo capire l'estensione di tali strazi.

## Quelli che precipitano nel lago di fuoco o di zolfo rovente

Prima di andare avanti con la descrizione di ciò che ho visto, anche se tenterò del mio meglio, per favore ricorda che l'inferno non è un luogo che può essere descritto adeguatamente con parole umane, ed anche se mi spiego al meglio che posso, il mio racconto non rende neanche un milionesimo della realtà agghiacciante dell'inferno. Inoltre, essere consapevoli che il tormento non è limitato ma durerà per sempre, lo rende ancora più terribile.

Dopo il giudizio del grande trono bianco, quelli che hanno ricevuto il primo ed il secondo livello di punizione nell'Ades saranno gettati nel lago di fuoco, mentre gli altri, quelli che hanno ricevuto il terzo e il quarto livello di punizione, saranno gettati nel lago di zolfo. I dannati che ora si trovano nell'Ades sanno che il giudizio deve ancora venire, hanno la chiarissima cognizione di dove finiranno dopo il giudizio. Inoltre, mentre ricevono la loro punizione nell'Ades, mentre subiscono la corrosione degli insetti e le torture dei messaggeri, vedono da lontano il lago di fuoco e sono ben consapevoli che quello sarà il luogo finale della loro punizione.

Così, le anime nell'Ades patiscono non solo il dolore presente, ma anche il tormento mentale e la paura di ciò che avverrà dopo il giudizio.

## Il grido di lamento di un'anima dell'Ades

Mentre pregavo di ricevere maggiori rivelazioni sull'inferno, attraverso lo Spirito Santo, Dio mi ha permesso di ascoltare il lamento di un dannato dell'Ades. Mentre leggi ciò che ho scritto, sono certo che in ogni parola sentirai la paura e la disperazione che sommergono questa anima.

*Come può questa figura essere un uomo?*
*Io non ero affatto così durante la mia vita mia sulla terra.*
*Il mio aspetto ora, qui, è orribile e rivoltante!*

*In questo dolore senza fine*
*in questa disperazione interminabile,*
*come faccio a liberarmi?*
*Cosa posso fare per scappare da questo?*
*Posso morire? Cosa posso fare?*
*Troverò mai un po' di riposo dalla mia punizione eterna?*
*C'è un modo di accorciare questa vita dannata,*
*per abbreviare questo dolore insopportabile?*

*Ho cercato anche di uccidermi qui,*
*ho danneggiato questo mio corpo,*
*ma niente, qui non si può morire.*
*Non esiste la fine qui... non c'è un punto di arrivo...*
*Non c'è fine al tormento della mia anima.*

*Non c'è fine alla mia inesauribile vita.*
*Non ci sono parole adatte per descrivere tutto questo!*
*Sarò gettato presto in un lago immenso e senza fondo,*
*un lago di fuoco!*
*Come potrò mai sopportarlo?*

*Il tormento è infinitamente insopportabile qui!*
*Quel lago furente fa così tanta paura,*
*è così profondo e rovente.*

*Come farò a sopportarlo?*
*Esiste un modo per evitarlo?*
*C'è una possibilità di scappare da tutto questo tormento?*

*Ah, solamente se io potessi vivere...*
*Se ci fosse un modo di vivere, per me...*
*Cerco di individuare almeno un'uscita,*
*ma non la trovo.*

*Qui vedo solo oscurità,*
*per me ci sono solo disperazione e dolore,*
*frustrazione e fatica.*
*Come farò, come farò, per sopportare questo tormento?*
*Se solo Lui aprisse la porta della vita...*
*Se solo potessi vedere un'uscita in tutto questo...*

*Salvami! Per favore salvami!*
*È tutto troppo pauroso e difficile per me!*
*Per favore salvami. Per favore salvami!*
*I miei giorni qui finora sono stati penosi e pieni di dolore.*
*Come farò quando arriverò nel lago di fuoco?*
*Per favore salvami!*
*Per favore guarda a me!*
*Per favore salvami!*
*Ti prego abbi misericordia di me!*
*Ti prego salvami!*

## Dopo essere arrivati nell'Ades

Alla fine della vita sulla terra, nessuno riceve "una seconda opportunità." Ognuno sopporterà il carico delle proprie azioni. Quando la gente sente parlare del cielo e dell'inferno la maggior parte delle volte dice: "...solo dopo la morte sapremo per certo se esistono..." Purtroppo, però, una volta defunto sarà troppo tardi, e, siccome non esiste ritorno dalla morte, devi sapere con sicurezza dove passerai l'eternità mentre sei in vita.

Se verrai gettato nell'Ades, pentirti e implorare Dio non servirà a niente, non potrai evitare le punizioni e le torture orribili che aspettano tutti i dannati. Non c'è speranza, il tuo futuro è segnato, ti attendono solo sevizie senza fine e angoscia smisurata.

L'anima di cui ho scritto prima sa fin troppo bene che non c'è nessuna possibilità di salvezza, ciononostante, piange e supplica Dio "in caso l'ascoltasse", ma la sua implorazione si trasforma in un suono stridente che si perde nell'infinità della distesa infernale fino a scomparire, senza ricevere alcuna risposta.

Comunque, il pentimento dei dannati dell'Ades non è sincero e autentico, sebbene, apparentemente, sembri così. La malvagità del loro cuore è sempre forte, infatti, dopo aver gridato per un po', coscienti dell'inutilità della loro condizione, tornano a maledire Dio. Questo dimostra l'evidenza della ragione per cui questi individui non si trovano in cielo.

## Il lago di fuoco e il lago di zolfo

Nell'Ades i dannati possono implorare, rimproverarsi e lamentarsi, domandarsi: "Perché sono qui?", temono il lago di fuoco, progettano vie di fuga e pensano a come a scappare dai messaggeri che li torturano.

Una volta gettati nel lago di fuoco, però, non potranno pensare ad altro che al tormento infinito che subiscono, qui, infatti, le punizioni, paragonate a quelle dell'Ades, sono inimmaginabilmente molto più dolorose, tanto che noi non possiamo comprenderle o concepirle con le nostre capacità limitate.

Se vuoi immaginare un poco del tormento a cui i dannati sono sottoposti, metti del sale su una padella bollente, vedrai i granelli saltare: ecco, le anime nel lago di fuoco sono il sale che salta. Pensa ad una piscina di acqua bollente, ma a temperature tanto più elevate dei 100 gradi tecnici della bollitura, perché il lago di fuoco è molto più caldo dell'acqua bollente, ed il lago di zolfo che brucia è sette volte più rovente del lago di fuoco. Una volta gettati qui non c'è nessun modo di scappare, si soffrirà per sempre. I primi tre livelli di punizione dell'Ades, infatti, sono sopportabili se paragonati al lago di fuoco o al lago di zolfo.

Perché Dio li fa soffrire nell'Ades per mille anni per poi scaraventarli nel lago di fuoco o nel lago di zolfo che brucia? Perché i non salvati riflettano e comprendano quali sono le ragioni per cui sono stati destinati ad un luogo così disgraziato, come l'inferno, e si pentano dei loro peccati. Comunque, è estremamente difficile che un dannato si penta, anzi, le anime dell'Ades emanano più male di prima. Ora sappiamo perché Dio ha fatto l'inferno.

## Salati con il fuoco nel lago di fuoco

Mentre pregavo, sempre nel 1982, Dio mi mostrò una scena del giudizio del grande trono bianco, e, molto velocemente, anche il lago di fuoco ed il lago di zolfo che brucia. Questi due bacini erano immensi.

Da lontano, le anime nei laghi sembravano delle molle roventi, alcuni coperti fino al torace, altri sommersi fino al collo, di altri si vedeva solo la punta della testa.

In Marco 9:48-49, Gesù parlò dell'inferno come un luogo *"...dove il loro verme non muore e il fuoco non si spegne. Poiché ognuno deve essere salato col fuoco, e ogni sacrificio deve essere salato col sale."* Puoi immaginare il dolore di vivere per sempre in un posto tanto terribile? Nel tentativo di scappare, l'unico movimento che riescono a fare è saltare — come salta il sale sul fuoco — e stridere i denti.

Quando le persone in questo mondo vanno a ballare, in discoteca, si scatenano, saltano su e giù, e dopo un po', se sono stanchi si riposano, si fermano o escono. In inferno, invece, le anime non saltano su e giù come molle per piacere ma a causa del dolore estremo che sentono e, chiaramente, non c'è alcun riposo per loro, e si che lo vorrebbero!

Le loro urla rumorose e strazianti finiscono per stordirli, gli occhi da lividi e blu si riempiono di sangue, il cervello scoppia e tutti i liquidi celebrali fuoriescono.

Per quanto disperatamente tentino, le anime non possono uscire da questo posto angusto, si spingono, si calpestano, ma è inutile. Ogni centimetro del lago di fuoco — che è talmente immenso che non se ne vede la fine — mantiene la stessa temperatura, condizione che non diminuisce neanche con il passare del tempo.

Fino al giorno del giudizio del grande trono bianco, l'Ades era sotto il comando e il controllo di Lucifero, e tutte le punizioni erano inflitte secondo il suo potere e la sua autorità.

Dopo il giudizio, invece, le punizioni saranno date da Dio e amministrate secondo la sua provvidenza e il suo potere.

La temperatura del lago di fuoco, mantenuta sempre allo stesso livello, farà soffrire le anime ma non le ucciderà, perché come in Ades, i corpi dei dannati vengono rapidamente ripristinati dopo le ustioni.

## Tutto il corpo e gli organi interni ustionati

In che modo vengono puniti i dannati all'inferno? Ti è ma capitato di vedere un fumetto o un cartone animato, o forse anche un film in cui il protagonista viene fulminato perché allacciato all'elettricità o all'alta tensione? In genere, il momento in cui è fulminato, viene rappresentato con uno scheletro circondato da incandescenza, poi, quando viene staccato dal flusso dell'elettricità, appare di nuovo normale. Oppure, avete presente le scansioni a raggi X dove è possibile vedere le parti interne del corpo umano e tutte le ossa?

In un modo simile, le anime nel lago di fuoco passano dalla condizione "corporale" a quella in cui è visibile solo il loro spirito perché il "corpo" è stato distrutto e sta per essere rigenerato. Questo modello si ripete sempre. Nel fuoco consumante, i corpi dei dannati vengono bruciati in un istante e scompaiono, per poi essere ripristinati.

In questo mondo, quando ti ustioni procurandoti una scottatura di terzo grado, la sensazione asfissiante che provi sul corpo è difficilmente sopportabile, fa diventare pazzi. Nessun può comprendere questo dolore finché non l'ha provato personalmente. L'agonia del proprio corpo sottoposto a scottatura non va via neanche dopo che l'ustione finisce, ma dura per alcuni giorni, perché il calore del fuoco anche se subito su un solo arto, si infiltra in tutto il fisico, intacca ogni cellula, qualche volta anche il cuore. Quanto più doloroso è avere l'intero corpo ustionato, ogni organo interno, ogni parte, e non solo, vedersi ripristinare il corpo su cui sarà ripetuto tutto il processo, per sempre?

Le anime nel lago di fuoco non possono sopportare il dolore ma non possono neanche svenire, morire o riposarsi per un solo momento.

## Il lago di zolfo che brucia

Il lago di fuoco è il luogo di punizione per tutti quelli che hanno commesso peccati relativamente leggeri, per coloro che erano nel primo o nel secondo livello dell'Ades. Quelli che hanno commesso peccati più pesanti ed erano stati mandati nel terzo e nel quarto livello di punizione in Ades, entreranno nel lago di zolfo che brucia sette volte di più del lago di fuoco. Come appena menzionato, il lago di zolfo è riservato alle persone che hanno parlato contro e si sono opposti — bestemmiandolo — allo Spirito Santo, quelli che hanno crocifisso Gesù Cristo la seconda volta, quelli che lo hanno tradito, quelli che hanno perseverato intenzionalmente in una vita di peccato, per gli idolatri incalliti, per quelli la cui coscienza è stata marcata, per tutti quelli che si sono opposti a Dio con le loro azioni malvagie, per i falsi profeti e i falsi dottori che hanno insegnato bugie.

Le fiamme del lago di fuoco sono "rosse". Il lago di zolfo è riempito con del fuoco "giallo" e gorgoglia densamente con bolle grandi quanto delle zucche. Le anime in questo lago sono completamente immerse nello zolfo bollente.

## Sommersi dal dolore

Non mi è possibile spiegare il dolore, lo spasimo, la sofferenza del lago di zolfo che è sette volte più cocente del lago di fuoco. E' inimmaginabile.

Forse, con un'analogia, posso avvicinarvi alla parziale comprensione di questa condizione. Se qualcuno dovesse bere del piombo appena fuso in una fornace ardente, che effetto farebbe? Che dolore provocherebbe? Quali danni? I suoi organi si scioglierebbero immediatamente.

Nel lago di fuoco, le anime possono almeno saltare e gridare per il dolore. Nel lago di zolfo invece, i dannati non sono neanche in grado di lamentarsi o pensare, possono solo subire la sofferenza. In ogni caso è impossibile con parole o con delle immagini rendere comprensibile a noi esseri umani il grado di tormento e l'agonia del lago di zolfo. Sappi solo che i dannati soffriranno questo supplizio per tutta l'eternità.

# Alcuni rimangono nell'Ades anche dopo il giudizio

I salvati del Vecchio Testamento sono rimasti nel seno di Abrahamo fino alla resurrezione di Gesù Cristo, dopodiché sono stati condotti fino alla soglia del Paradiso e qui aspettano fino al suo secondo ritorno nell'aria. I salvati al tempo del Nuovo Testamento vengono condotti nel luogo di attesa per tre giorni di "aggiustamento" e poi accompagnati alla soglia del paradiso fino al giorno del secondo ritorno di Gesù Cristo nell'aria.

I bambini mai nati, quelli che muoiono nell'utero della madre, non vanno in Paradiso né dopo la risurrezione di Gesù Cristo né dopo il Giudizio. Rimangono nel luogo di attesa per sempre.

Anche tra quelli che ora soffrono nell'Ades ci sono delle eccezioni, delle anime che non vengono gettate né nel lago di fuoco né in quello di zolfo che brucia dopo il giudizio. Chi sono?

### Bambini morti in età pre-adolescienziale

Come abbiamo visto, fra i non salvati, ci sono anche feti di età superiore a sei mesi e bambini in età pre-adolescenziale, fino a circa 12 anni. Queste anime non sono gettate nel lago di fuoco o di zolfo perché, anche se sono in Ades a causa della loro origine malvagia, non hanno vissuto e maturato abbastanza da possedere una propria volontà indipendente. Questo vuole dire che se avessero avuto la possibilità di vivere una vita di fede avrebbero anche potuto ricevere la salvezza. La loro breve esistenza, però, è stata influenzata da elementi esterni come i loro genitori, gli antenati e l'ambiente circostante.

L'Iddio di amore e giustizia prende in considerazione tutti questi fattori e non li getta nel lago di fuoco e nel lago di zolfo, ma questo non vuole dire che le loro punizioni diminuiranno o scompariranno. Continueranno ad essere castigati nel modo in cui sono puniti nell'Ades, eternamente.

## Il salario del peccato è la morte

A parte questo caso, tutte le persone che si trovano nell'Ades saranno gettate nel lago di fuoco o di zolfo secondo i peccati commessi durante il tempo della loro coltivazione sulla terra. In Romani 6:23 si legge che: *"Infatti il salario del peccato è la morte, ma il dono di Dio è la vita eterna in Cristo Gesù, nostro Signore."* Qui, per *"morte"* non si intende la fine della vita sulla terra, ma la punizione eterna nel lago di fuoco o nel lago di zolfo. La paga di una vita di peccato è il tormento, vile, sporco e terribile che si riceverà in inferno.

Se le persone comprendessero davvero la miseria eterna che vivranno in inferno, di certo ne sarebbero grandemente spaventate, e di conseguenza accetterebbero Gesù Cristo, rispettando e vivendo secondo la parola di Dio.

In Marco 9:45-47 Gesù ci avverte:

*"...se il tuo piede ti è occasione di peccato, taglialo, è meglio per te entrare zoppo nella vita, che avere due piedi ed essere gettato nella Geenna, nel fuoco inestinguibile, dove il loro verme non muore e il fuoco non si spegne. E se l'occhio tuo ti è occasione di peccato, cavalo; è meglio per te entrare con un occhio solo nella vita, che averne due ed essere gettato nella Geenna del fuoco..."*

Meglio tagliarti i piedi se ti conducono in luoghi dove non dovresti andare e che ti faranno precipitare all'inferno. Meglio eliminare le tue mani se con esse fai cose che non dovrebbero essere fatte e per questo andrai all'inferno. Similmente, meglio per te per strapparti gli occhi se con essi commetti peccato, guardando cose che non dovresti vedere.

La grazia di Dio ci viene donata liberamente e per questo, non dobbiamo tagliare né le nostre mani né i piedi, né cavarci gli occhi per entrare in cielo, perché l'Agnello innocente ed irreprensibile, Gesù Cristo, Dio, è stato crocifisso al nostro posto, con le mani e i piedi inchiodati, portando una corona di spine.

## Il Figlio di Dio è venuto a distruggere il lavoro del diavolo

Perciò, chiunque crede nel sangue di Gesù Cristo è perdonato, è liberato dalla punizione del lago di fuoco e di zolfo ed è ricompensato con la vita eterna.

> *"Figlioletti, nessuno vi seduca: chi pratica la giustizia è giusto, come egli è giusto. Chiunque commette il peccato è dal diavolo, perché il diavolo pecca dal principio; per questo è stato manifestato il Figlio di Dio: per distruggere le opere del diavolo. Chiunque è nato da Dio non commette peccato, perché il seme di Dio dimora in lui e non può peccare perché è nato da Dio." (1 Giovanni 3:7-9).*

Il significato della parola "peccato" va ben oltre l'azione in sé, non è rubare, imbrogliare o uccidere, il peccato è la malvagità del cuore che Dio aborrisce, Lui odia il cuore maligno, quello che giudica e condanna gli altri, che odia il prossimo e lo fa inciampare, che tradisce astutamente. Cosa succederebbe se a queste persone fosse consentito di entrare in cielo? Anche lì ci sarebbero dispute e offese, ecco perché Dio non permette che questo accada.

Se sei un vero figlio di Dio, fortificato dal potere del sangue di Gesù Cristo, non hai più bisogno di seguire la falsità - servendo il diavolo come uno schiavo - ma sei libero di vivere nella verità di Dio, che è Luce. Solo così potrai possedere tutta la gloria del cielo e guadagnare la benedizione dell'autorità, che è riservata ai veri figli di Dio, e prosperare anche in questo mondo.

## Non peccare nella tua professione di fede

Dio ci ama al punto di aver mandato il suo adorato, innocente ed unico Figlio a morire per noi sulla croce. Puoi immaginare il dolore di vedere i suoi figli commettere peccati sotto l'influenza del diavolo e avanzare rapidamente verso l'inferno?

Ti scongiuro, non peccare, rispetta il comando di Dio, comportandoti da vero figlio prezioso, perché così facendo, non solo compiacerai il Padre, ma anche tutte le tue preghiere avranno risposte rapide e, alla fine, entrerai nella Nuova Gerusalemme. Solo così avrai il potere e l'autorità che si addicono a un figlio di Dio per strappare dall'oscurità tutti quelli che non conoscono ancora la verità, che sono schiavi del peccato e del diavolo.

Io prego che tu possa essere un vero figlio di Dio, ricevere le risposte a tutte le tue preghiere e alle tue richieste; che tu possa glorificare Dio in ogni cosa che fai, portando con te un grande numero di persone sulla via della salvezza, giungendo fino alla gloria di Dio che splende come il sole in cielo.

## Gli spiriti maligni confinati nell'abisso

Il Dizionario Italiano definisce con il termine abisso "profondità grandissima" "baratro" "quantità immensa". Nel senso biblico, l'abisso è la parte più profonda e più bassa dell'inferno. Questa è un'area riservata solo agli spiriti maligni che sono irrilevanti per la coltura umana.

*"Poi vidi un angelo che scendeva dal cielo e che aveva*

*la chiave dell'Abisso e una gran catena in mano. Egli prese il dragone, il serpente antico, che è il diavolo e Satana, e lo legò per mille anni, poi lo gettò nell'abisso che chiuse e sigillò sopra di lui, perché non seducesse più le nazioni finché fossero compiuti i mille anni, dopo i quali dovrà essere sciolto per poco tempo." (Apocalisse 20:1-3).*

Questa è una descrizione di ciò che avverrà verso la fine della grande tribolazione. Dopo l'Avvento di Gesù Cristo, gli spiriti maligni controlleranno il mondo per sette anni durante i quali ci sarà la III guerra mondiale e altri disastri.

Dopo la grande tribolazione verrà il millennio durante il quale gli spiriti maligni saranno confinati nell'Abisso. Verso la fine del millennio, gli spiriti saranno di nuovo liberati per un po' di tempo, fino al giorno del giudizio del grande trono bianco, dopo di che verranno di nuovo chiusi nell'abisso e, questa volta, per sempre. Lucifero e tutti i suoi servitori, che oggi controllano il mondo delle tenebre, dopo il giudizio, non avranno più alcun potere, il cielo e l'inferno saranno amministrati solamente attraverso la mano di Dio.

## Gli spiriti maligni sono stati soltanto uno strumento utile alla coltura umana

Che genere di punizione riceveranno gli spiriti maligni dopo aver perso ogni potere ed autorità?

Prima di addentrarmi in ulteriori spiegazioni a proposito di questo tema complesso, vorrei che il lettore tenesse a mente che gli spiriti maligni sono serviti da strumento per la coltivazione umana. Molti si chiedono perché Dio abbia voluto coltivarsi degli esseri umani, quando nel cielo aveva a disposizione per sé un esercito celeste infinito. Perché Dio è alla ricerca di veri figli, di una progenie con cui condividere il Suo amore.

Vorrei fare un esempio attraverso la storia della Corea. Anche noi abbiamo avuto la nobiltà, che di solito si avvaleva di servitù, gente che lavorava all'interno della famiglia e della casa del nobile. I servitori rispettavano ogni comando del proprio padrone, che, suo malgrado, spesso si ritrova con dei figli o delle figlie naturali che non lo rispettavano affatto. Questo significa forse che il padrone amerà i servitori obbedienti più dei suoi figli disobbedienti? Neanche se volesse amerebbe i servitori più dei suoi figli.

Lo stesso è con Dio. Egli ama gli esseri umani, creati a sua immagine e somiglianza, indipendentemente dalla fedeltà — maggiore — dell'esercito celeste, perché sia l'armata del cielo che gli angeli sono come dei robot che fanno solo quello che viene loro detto di fare e per questo, non sono in grado di condividere amore vero con Dio.

Certo, questa è una generalizzazione, è ovvio che gli angeli non sono degli automi, infatti, i robot agiscono solamente a comando, sono privi di qualsiasi volontà e non hanno alcun tipo di sentimento. Gli angeli, invece, come gli uomini, hanno dei sentimenti, conoscono sia la gioia che il dolore, sebbene in modo diverso dagli esseri umani.

Quando tu lodi Dio, gli angeli lo lodano con te, quando tu danzi per glorificare Dio, anche gli angeli ballano con te, così quando suoni anche loro suonano degli strumenti musicali insieme. Questi tratti li distinguono dai robot. E' nell'esecuzione degli ordini che i robot e gli angeli sono "simili" e per questo possono essere usati come "strumenti".

Come gli angeli, anche spiriti maligni sono strumenti utilizzati per la coltura umana, come macchine incapaci di distinguere il male dal bene, costituiti per un certo scopo ed utilizzati per tale fine malvagio.

## Gli spiriti maligni confinati nell'abisso

La legge del mondo spirituale decreta che "il salario del peccato è la morte" e che "ognuno miete quello che semina". Dopo il grande giudizio, le anime dell'Ades patiranno il lago di fuoco o di zolfo secondo questa legge, avendo scelto di spontanea volontà la malvagità durante la coltivazione sulla terra.

Gli spiriti maligni, a parte i demoni, non fanno parte della coltura umana, ecco perché dopo il giudizio saranno relegati nell'abisso scuro e freddo, abbandonati come spazzatura. Questa è la punizione più appropriata per loro. Il trono di Dio si trova al centro e in cima al regno dei cieli, mentre, di contro, gli spiriti maligni sono chiusi a chiave nell'Abisso, il luogo più profondo e più scuro dell'inferno. Una volta qui non potranno più muoversi perché saranno premuti, tenuti giù da pietre enormi, confinati in una posizione fissa per sempre.

Gli spiriti maligni una volta appartenevano al cielo e ricoprivano posizioni gloriose. Dopo la caduta, dopo essere stati sconfitti nella guerra che avevano intrapreso contro Dio, gli angeli caduti utilizzarono tutta la loro autorità a favore delle tenebre perdendo ogni gloria e parvenza celeste. Nell'Abisso, come segno di maledizione e di disonore, le ali degli angeli caduti verranno troncate, per sempre.

Uno spirito è un essere eterno ed immortale. Gli spiriti malvagi, una volta confinati nell' Abisso non potranno neanche muovere un dito, non avranno né sentimenti, né volontà, né potere. Saranno come macchine che sono state spente, come bambole vecchie che vengono buttate via. Inoltre, all'apparenza sembra che siano stati congelati.

## Alcuni messaggeri infernali rimangono nell'Ades

C'è un'eccezione a questa regola. Come ho menzionato poco fa, i bambini sotto i 12 anni resteranno in Ades anche dopo il giudizio, e per amministrare su di loro le punizioni, vengono lasciati qui alcuni messaggeri. Anche loro ora sembrano robot. Prima del giudizio, qualche volta deridevano i dannati e godevano alla vista delle torture crudeli, non perché avessero emozioni, ma perché erano sotto il controllo di Lucifero, il quale era un cherubino ed aveva caratteristiche diverse dagli altri angeli, lui infatti è in grado di "far provare" emozioni anche agli spiriti. Dopo il giudizio, comunque, i messaggeri infernali non sono più controllati da Lucifero e faranno il loro lavoro senza sentimento o piacere, come delle macchine.

# Che fine fanno i demoni?

Diversamente dagli angeli caduti, dai dragoni e dai loro seguaci creati prima della creazione dell'universo, i demoni non sono esseri spirituali. Sono stati esseri umani, creati dalla polvere, avevano spirito, anima, corpo, proprio come noi, hanno vissuto la coltivazione umana in questo mondo e sono morti senza la salvezza. In circostanze speciali, vengono rilasciati dall'Ades — dove si trovano come di dannati — in qualità di demoni.

Com'è possibile che un essere umano diventi un demone? Ci sono di solito quattro condizioni che permettono che questo avvenga.

*Primo caso:* coloro che hanno venduto lo spirito e l'anima a Satana.

Quelli che praticano la magia e cercano aiuto e potere dagli spiriti maligni per soddisfare la loro avidità e i loro desideri, è probabile che diventino demoni quando muoiono.

*Secondo caso:* quelli che hanno commesso suicidio nella propria malvagità.

Quando un uomo pone fine alla propria esistenza a causa di un fallimento d'affari o per altre ragioni, ha ignorato la sovranità di Dio sulla vita e per questo può diventare un demone.

Togliersi la vita in questo modo non ha nulla a che fare con il sacrificare la propria vita al posto di qualcun altro o per il proprio paese, o per una buona causa.

Se ad esempio un uomo, cosciente di non saper nuotare, si

tuffa in acqua per aiutare qualcuno a costo della propria vita, questa è di certo una nobile causa e non può essere catalogata come suicidio.

*Terzo caso:* credenti che hanno finito per rinnegare Dio e vendere la propria fede.

A volte i credenti si oppongono a Dio e lo rimproverano quando affrontano grandi difficoltà o perdono qualcuno o qualche cosa a loro molto cara. Charles Darwin, il pioniere della teoria dell'evoluzione è un buon esempio, infatti, lui era un credente, aveva fede in Dio Creatore. Quando la sua adorata figlia prematuramente morì, Darwin contestò e si oppose a Dio, lanciando la teoria dell'evoluzione. Tali persone commettono il peccato di crocifiggere Gesù Cristo, il nostro Redentore, una seconda volta. (Ebrei 6:6).

*Quarto caso:* quelli che ostruiscono, si oppongono e bestemmiano lo Spirito Santo pur credendo in Dio e conoscendo la verità (Matteo12:31-32; Luca 12:10).

Oggi, molte persone che apparentemente professano la loro fede in Dio, in realtà ostruiscono e si oppongono all'opera dello Spirito Santo, bestemmiando così contro di Lui. Sebbene queste persone siano testimoni dell'opera di Dio e dei suoi innumerevoli miracoli, la giudicano e condannano, contrapponendosi così all'azione dello Spirito Santo, nel tentativo di distruggere le chiese dove l'opera di Dio che a loro non piace è manifesta. Inoltre, se quelli che agiscono in questo modo sono dei leader ed hanno influenza su altre persone, i loro peccati diventano ancora più severi.

Quando questi peccatori muoiono, vengono gettati nell'Ades e ricevono il terzo o quarto livello di punizione. Il fatto è che alcune di queste anime diventano demoni e vengono rilasciate in questo mondo. Per ulteriori informazioni sui demoni invito i lettori a fare riferimento alla mia serie di studi dal titolo "Il Mondo degli spiriti maligni".

## I Demoni sono controllati dal diavolo

Fino al giorno del giudizio, Lucifero possiede l'autorità completa e il pieno controllo del mondo delle tenebre e dell'Ades, avendo anche il potere di selezionare alcune anime tra i dannati, quelle che ritiene più appropriate per i suoi scopi, per impiegarle in questo mondo in qualità di demoni.

Una volta scelti, i dannati dell'Ades vengono rilasciati sulla terra, ma, diversamente da prima, da quando erano vivi, non hanno più una volontà propria o dei sentimenti personali. Vengono controllati dal diavolo secondo la volontà di Lucifero, che li utilizza per aiutare a raggiungere gli scopi malvagi degli spiriti maligni.

I demoni tentano le persone sulla terra, in modo che amino il mondo. I crimini più atroci di cui oggi si ha notizia non sono il risultato di coincidenze o di eventi fortuiti, sono invece il frutto di azioni dei demoni esercitate secondo la volontà di Lucifero. Questi demoni entrano letteralmente nelle persone che vogliono portare a commettere crimini e poi, secondo la legge del mondo spirituale, li conducono all'inferno.

A volte i demoni rendono le persone storpie o causano determinate malattie. Chiaramente con questo non voglio dire che ogni genere di malformazioni o di infermità siano attribuibili ai demoni, ci sono però dei casi in cui queste condizioni sono riconducibili ad attività demoniache. La Bibbia racconta la storia di un ragazzo impossessato da un demone che era muto sin dall'infanzia (Marco 9:17-24) e di una donna resa curva da uno spirito per ben diciotto anni. (Luca 13:10-13).

Ai demoni sono stati assegnati i compiti più leggeri del mondo dell'oscurità, sempre secondo la volontà di Lucifero. Loro non saranno confinati nell'Abisso dopo il Giudizio perché sono stati esseri umani, coltivati sulla terra, hanno ricevuto il terzo o il quarto livello di punizioni nell'Ades, e per questo saranno gettati nel lago di zolfo che brucia dopo il giudizio del grande trono bianco.

## Gli spiriti maligni sono molto spaventati dall'Abisso

Forse quelli che tra i lettori ricordano un particolare passaggio biblico ora stanno pensando che manchi un pezzo per la completa comprensione di tutti questi concetti. In Luca 8 viene raccontata la storia in cui Gesù incontra un indemoniato. Quando comandò al demone di uscire da quell'uomo, il demone gli rispose, *"Che vi è fra me e te, o Gesù, Figlio del Dio Altissimo? Ti prego, non tormentarmi!"* (Luca 8:28) dopodiché lo implorò di non inviarlo nell'Abisso.

I demoni sono destinati ad essere gettati nel lago di zolfo

che brucia, non nell'Abisso, ecco perché chiese a Gesù di non spedirlo nell'Abisso. Come appena menzionato, i demoni erano esseri umani ed ora, in questa nuova malvagia condizione, sono meri strumenti utilizzati per portare sulla via della perdizione la coltura umana, secondo la volontà di Lucifero. Quando il demone parlò a Gesù attraverso le labbra di questo uomo, si esprimeva secondo gli spiriti maligni che lo controllavano, e non da sé. Gli spiriti maligni capeggiati da Lucifero, infatti, sanno che quando la provvidenza di Dio per la coltura umana sarà completa, perderanno ogni autorità e saranno confinati nell'Abisso eternamente. La loro paura per il futuro è fin troppo chiara ed è pienamente dimostrata attraverso la supplica che fa il demone in questa storia.

Inoltre, il demone fu utilizzato in modo che, sia la loro paura che la loro fine, potesse essere registrata nella Bibbia.

## Perché i demoni aborriscono il Nord Corea, l'acqua e il fuoco?

All'inizio del mio ministerio, lo Spirito Santo operava così grandemente nella nostra chiesa che i non vedenti acquistavano la vista, i muti parlavano, la polio veniva guarita e molte persone ricevevano liberazione dagli spiriti maligni, ogni domenica. Quello che stava accadendo in breve tempo diventò di dominio pubblico, tutta la nazione era informata sui fatti e così molte persone ammalate visitavano i culti per ricevere guarigione. In quei giorni io personalmente pregavo per gli indemoniati, i quali sapevano in anticipo che sarebbero stati cacciati via dalla persona che tormentavano, e spesso mi imploravano dicendo: "...per favore non ci cacciare nell'acqua, non ci gettare nel fuoco, non inviarci nel Nord Corea!".

Chiaramente non potevo accettare le loro richieste, ma iniziai a pregare e a chiedere a Dio come mai i demoni detestano il Nord Corea. In risposta, Dio mi rispose che i demoni odiano il Nord Corea perché la maggior parte della gente di questo paese isolato non può e non adora idoli e di conseguenza, i demoni non sono in grado impossessarsi di loro.

Ma perché detestano l'acqua e il fuoco? La Bibbia ha registrato anche il loro sdegno sia per l'acqua che per il fuoco. Mentre pregavo perché il Signore mi rivelasse in modo profondo l'Apocalisse e dipanasse tutti i quesiti che avevo a questo proposito, Egli mi disse che, spiritualmente, l'acqua rappresenta la vita, e, più specificamente la parola di Dio che è luce e il fuoco simboleggia lo Spirito Santo. Di conseguenza, i demoni che rappresentano l'oscurità perdono potere ed autorità quando vengono cacciati e relegati nel fuoco o nell'acqua.

In Marco 5 quando Gesù comanda al demone "Legione" di uscire dall'uomo, lui lo implora di inviarli nei maiali (Marco 5:12), permesso che Gesù gli accorda. Gli spiriti maligni quindi uscirono da quell'uomo per entrare in un branco di maiali, approssimativamente 2000 bestie, nella furia i maiali scivolarono dal dirupo, entrarono nel lago e affogarono. Gesù fece ciò per impedire a questi demoni di operare per conto di Lucifero, perché, di certo i demoni non possono fisicamente annegare, ma in questo modo hanno perso il loro potere, infatti, è Gesù stesso che spiega in Matteo 12:43 che: *"Ora, quando lo spirito immondo è uscito da un uomo, vaga per luoghi aridi, cercando riposo e non lo trova.* " (ntd le versioni inglesi traducono "aridi" letteralmente come "privi di acqua".)

I figli di Dio devono imparare a conoscere bene il mondo spirituale in modo da esercitare efficacemente il potere di Dio: i demoni tremano di paura quando li sgridi con la piena conoscenza del mondo spirituale. Se non possedete consapevolezza e padronanza sul mondo spirituale, i demoni né tremano né si intimidiscono se gli dite loro di uscire da una persona e gettarsi nell'acqua o nel fuoco!

## Lucifero lotta per stabilire il suo regno

Il nostro Dio è sia il Dio dell'amore che il Dio della giustizia. Anche in questo mondo il re più misericordioso non può essere incondizionatamente sempre benigno e clemente, infatti, i ladri e gli assassini vanno presi e puniti secondo la legge per mantenere pace e sicurezza nella nazione. Se il figlio del re commette dei crimini seri, come l'alto tradimento ad esempio, il re non ha altra scelta che punirlo secondo la legge.

L'amore di Dio è immenso ma anche in linea con l'ordine severo del mondo spirituale. Dio aveva amato grandemente Lucifero, prima e anche dopo il suo tradimento, e successivamente alla caduta gli consegnò un'autorità completa sull'oscurità, ma l'unica ricompensa che Lucifero riceverà sarà l'Abisso. Lucifero dal canto suo, conosce queste cose e lotta per stabilire e tenere in piedi il suo regno e per questa ragione ha ucciso molti profeti di Dio negli ultimi duemila anni - in pratica dall'esatto momento in cui ha scoperto che Gesù sarebbe arrivato sulla terra - per impedire al regno di Dio di venire stabilito e mantenere così il suo reame di oscurità. Provò anche a liberarsi di Gesù attraverso il re Erode, che, istigato da Satana, perpetrò l'orribile strage degli innocenti dando ordine di uccidere tutti i maschi sotto i tre anni. (Matteo 2:13-18).

Negli ultimi due millenni Lucifero ha tentato di annullare ed assassinare chiunque si facesse portavoce del potere meraviglioso di Dio, ma contro di Lui non può nulla, non può superare la sua saggezza. La sua fine è nell'Abisso.

## L'Iddio d'amore aspetta e provvede opportunità di pentimento

Tutte le persone verranno giudicate secondo le loro azioni, gli ingiusti riceveranno punizioni e vergogna, gli uomini buoni benedizioni e gloria. Dio, che è amore, non manda il peccatore all'inferno nel momento in cui pecca, ma aspetta pazientemente che si penta come scritto in 2 Pietro 3:8-9: *"Ora, carissimi, non dimenticate quest'unica cosa: che per il Signore un giorno è come mille anni, e mille anni come un giorno. Il Signore non ritarda l'adempimento della sua promessa, come alcuni credono che egli faccia, ma è paziente verso di noi non volendo che alcuno perisca, ma che tutti vengano a ravvedimento"*. Questo è l'amore di Dio, il quale desidera che tutti ricevano la salvezza.

Considera tutto quello che hai letto finora sull'Inferno, considera anche la pazienza che il Signore ha avuto verso tutti quelli che ora sono nell'Ades, e che, anche Lui, prova dolore per queste anime, create a Sua immagine e somiglianza che soffrono e soffriranno per sempre.

Nonostante la pazienza di Dio ed il suo amore, se un individuo non accetta il vangelo e continua a peccare, perderà tutte le opportunità di salvezza che gli sono state date e precipiterà all'inferno.

Ecco perché noi credenti dovremmo cogliere ogni opportunità per diffondere il vangelo, e, quando l'opportunità manca, cercare di crearla. Supponi che mentre eri fuori scoppi un incendio in casa tua e, al tuo ritorno, trovi la casa completamente in fiamme ed i tuoi figli che dormono. Che fai? Sono certo che faresti di tutto per liberare i tuoi bambini. Allo stesso modo, non credi anche tu che il cuore di Dio si spezza nel vedere persone, create a sua immagine e somiglianza, commettere peccati e cadere nelle fiamme eterne dell'inferno? Di contro Egli si compiace grandemente dei suoi figli che conducono altre anime alla salvezza.

Ogni credente, ogni cristiano, dovrebbe essere in grado di comprendere il cuore di Dio che ama tutti e piange per quelli che si dirigono verso l'inferno, e di sentire anche il cuore di Gesù Cristo che non vuole perdere neanche una persona.

Ora che hai letto e conosci la crudeltà dell'inferno, probabilmente riesci a comprendere meglio perché Dio è così "preoccupato" per la salvezza di ogni persona. Spero veramente che tu possa sentire e afferrare il cuore di Dio così da diffondere la "buona novella" e guidare verso il cielo ogni persona che incontri.

# Capitolo 9

# Perché l'Iddio d'amore ha preparato l'inferno?

Duemila anni fa Gesù attraversò i villaggi di Israele predicando il vangelo e guarendo gli ammalati. Gesù aveva compassione della gente che incontrava perché erano inermi, in balia di forze superiori, come pecore senza un pastore (Matteo 9:36), Egli vedeva innumerevoli persone che sarebbero state salvate, ma nessuno che li proteggesse, nessuno che li difendesse. In Matteo 9:37-38, Gesù disse ai Suoi discepoli, *"La mèsse è veramente grande, ma gli operai sono pochi. Pregate dunque il Signore della mèsse che spinga degli operai nella sua mèsse"*. Già ai tempi di Gesù c'era bisogno di lavoratori, persone che potessero ammaestrare quanti volevano conoscere il vangelo, con amore, passione e conoscenza del mondo spirituale.

Oggi così tante persone sono asservite dal peccato, malate, povere, soffrono e sono dirette verso l'inferno - tutti perché non conoscono la verità. Sta a noi comprendere il cuore di Gesù ed essere i lavoratori che Lui cerca da inviare nel campo di raccolta, così che tu non solo possa ricevere la salvezza ma anche confessare: "Eccomi, sono qui, manda me!".

# L'amore e la pazienza di Dio

C'era un figlio, molto amato ed adorato dai suoi genitori, che un giorno chiese di prendere la sua parte di eredità. I genitori acconsentirono alla richiesta anche se non riuscivano a comprendere completamente le sue scelte. Il figlio partì e andò all'estero con la sua porzione di patrimonio, nel tentativo di perseguire i suoi obiettivi, perché aveva delle speranze e delle ambizioni, ma con il passare del tempo, il ragazzo si dedicò in modo crescente al suo piacere personale sprecando tutte le sue ricchezze. In quello stesso momento, la nazione in cui viveva affrontò una pesante depressione economica e questo sancì definitivamente la sua povertà. Un giorno qualcuno diede notizie del ragazzo ai suoi genitori, dicendo loro che il figlio aveva dissipato tutto il patrimonio e viveva da mendicante, disprezzato da tutti.

Nell'ascoltare queste notizie, come pensi si devono essere sentiti i genitori? Probabilmente all'inizio si saranno anche arrabbiati, ma presto hanno cominciato ad essere preoccupati, a sperare che tornasse da loro, perché lo avrebbero perdonato ed accolto a braccia aperte.

## Dio accetta i figli che ritornano con pentimento

In Luca 15 possiamo leggere tutta la storia, l'amore dei genitori, il padre che aspetta il figlio tornare davanti il cancello principale ogni giorno, l'attesa e il desiderio, la corsa del padre alla vista del figlio da lontano, l'abbraccio, l'immediata copertura con il suo mantello migliore, i sandali nuovi, l'uccisione del vitello ingrassato e la grande festa in onore del figlio ritornato.

Questo è il cuore di Dio che non solo perdona tutti quelli che sinceramente si pentono, nonostante l'ammontare o la gravità dei loro peccati, ma anche che conforta e rinvigorisce. Quando una persona è salvata per fede, Dio è felice e celebra con tutto l'esercito celeste e con gli angeli. Il nostro Dio misericordioso è amore puro, e, come il padre del figliol prodigo che aspettava il ritorno del figlio, Dio desidera ardentemente che tutti voltino le spalle al peccato, tornino da Lui e ricevano la salvezza.

## Dio di amore e di perdono

Attraverso la lettura di Osea 3 otteniamo uno sguardo completo della misericordia e della compassione del nostro Dio che è sempre desideroso di perdonare ed amare peccatori.

Un giorno, Dio ordinò ad Osea di sposare una donna adultera dal nome Gomer. Il profeta obbedì, sposò Gomer e la rispettò. Non passò molto tempo che Gomer, incapace di tenere il suo cuore per Osea, lo tradì con un altro uomo, Non solo, fu pagata come prostituta per stare con un altro uomo. Dio disse poi ad Osea, *"Và ama una donna amata da un amante e adultera, come l'Eterno ama i figli d'Israele, benché essi si volgano ad altri dèi e amino le schiacciate d'uva."* (Osea 3:1).

Dio quindi ordinò ad Osea di amare sua moglie che l'aveva tradito e lo aveva lasciato per un altro uomo. Osea andò quindi a cercare Gomer per riportarla a casa, e non solo, dovette pure pagare per riaverla, ben quindici sicli d'argento e un homer e mezzo di orzo. (Osea 3:2). Quanti sono in grado di fare una cosa del genere? Dopo che Osea si riprese Gomer le disse: *"Tu starai con me molti giorni, non ti prostituirai e non sarai di alcun uomo; io farò lo stesso con te."* (Osea 3:3). Lui non la condannò né la odiò, la perdonò con amore e la pregò di restare con lui per sempre e di non lasciarlo di nuovo.

Le azioni di Osea devono essere sembrate sciocche agli occhi della gente ma il suo cuore è la rappresentazione vivente del cuore di Dio. Osea sposò una donna adultera al pari di Dio che ci ama per primo anche quando lo lasciamo, che ci libera anche quando siamo stati noi a metterci nei guai allontanandoci da Lui.

Dopo la disubbidienza di Adamo, tutti gli esseri umani sono nati pieni di peccato e, come Gomer, non sono degni dell'amore di Dio. Dio li ha amati malgrado questo, donando il Suo unico figlio Gesù per essere crocifisso. Gesù fu frustato, portò una corona di spine, gli furono inchiodate le mani, i piedi furono trafitti da enormi chiodi, tutto per poter salvare il genere umano. Tanto è il suo amore che mentre era appeso morente sulla croce pregò: "Padre, perdonali!". Mentre parliamo, in questo momento, mentre leggi, Gesù sta intercedendo per tutti i peccatori di fronte al trono del Padre in cielo.

Purtroppo ancora troppe persone non conoscono l'amore di Dio e la sua grazia, amano il mondo e continuano a peccare come conseguenza dei loro desideri carnali.

Alcuni vivono nell'oscurità perché non conoscono la verità, altri, invece, comprendono la verità ma pensano sia un passatempo, il loro cuore non è veramente cambiato e tornano di nuovo al peccato. Una volta salvati, infatti, è necessario che la santificazione sia quotidiana, altrimenti il cuore torna a trasgredire, si corrompe, si contamina, torna alla condizione di prima di ricevere lo Spirito Santo, ecco perché si commettono gli stessi peccati di cui ci si era liberati con la salvezza.

Dio, però, vuole perdonare ed amare anche quelli che tornano a peccare e ad amare il mondo, e, proprio come Osea che andò a cercare la sua adultera moglie per portarla di nuovo a casa con sé, Dio aspetta il ritorno e il pentimento dei figli che hanno peccato.

Tale è il cuore di Dio, ed è per questo che ci ha rivelato quello che abbiamo letto finora a proposito dell'inferno, non certo per spaventarci. Egli desidera solo che, coscienti della miseria dell'eterna condanna, possiamo pentirci sinceramente e riceve la salvezza. Rivelarci l'inferno è uno dei modi in cui Lui esprime il Suo amore appassionato per noi. Comprendere le ragioni dietro l'inferno, il perché Dio ha creato un luogo simile, ci permette di capire più profondamente il suo cuore e ci spinge a diffondere l'evangelo a più persone possibili in modo che siano salvate dalla punizione perenne.

## Perché l'Iddio d'amore ha preparato l'inferno?

Genesi 2:7 *"Allora l'Eterno Dio formò l'uomo dalla polvere della terra, gli soffiò nelle narici un alito di vita, e l'uomo divenne un essere vivente."*

Nel 1983, l'anno successivo all'apertura della mia chiesa, Dio mi mostrò una visione in cui vidi la creazione di Adamo. Dio forgiava felicemente e gioiosamente Adamo dalla creta con cura ed amore, come un bambino che gioca con il suo giocattolo preferito. Dopo avere plasmato delicatamente Adamo, Dio gli respirò nelle narici il suo alito di vita. E' proprio a motivo dell'alito di vita che abbiamo ricevuto da Dio, che è Spirito, che il nostro spirito e la nostra anima sono immortali, mentre la carne, il corpo, fatto con la polvere, perirà, ritornando una manciata di detriti.

Per questa ragione Dio preparò anche dei luoghi dove far dimorare gli spiriti immortali degli uomini: il cielo e l'inferno. Come scritto in 2 Pietro 2:9-10, le persone che vivono nel timore di Dio saranno salvate ed entreranno in cielo, ma l'ingiusto sarà punito con l'inferno.

*"Il Signore sa liberare i pii dalla prova e riservare gli ingiusti per essere puniti nel giorno del giudizio, specialmente coloro che seguono la carne nei suoi desideri corrotti e disprezzano l'autorità. Essi sono audaci, arroganti e non hanno timore di dir male delle dignità."*

I figli di Dio vivranno nel suo regno eterno, in cielo con Lui per sempre, circondati da felicità e gioia. L'inferno, d'altro canto, è il luogo delle perenni punizioni crudeli, riservato a quelli che non hanno accettato l'amore di Dio, che lo hanno tradito diventando schiavi del peccato. Ma perché, questo Dio d'amore ha preparato un luogo tanto terribile?

## Dio separa il grano dalla paglia

Come un coltivatore semina e coltiva la semenza, Dio coltiva gli esseri umani in questo mondo per guadagnarsi dei veri figli.

Quando arriva il tempo della raccolta, Lui separa il grano dalla paglia, mandando il grano in cielo e la paglia in inferno.

*"Egli ha in mano il suo ventilabro e pulirà interamente la sua aia; raccoglierà il suo grano nel granaio, ma arderà la pula con fuoco inestinguibile." (Matteo 3:12).*

Il "grano" qui simboleggia tutti quelli che hanno accettato Gesù Cristo, che hanno tentato di recuperare l'immagine di Dio vivendo secondo la sua Parola. La "paglia", invece, sono quanti non hanno accettato Gesù Cristo come Redentore, che hanno amato il mondo e vissuto secondo malvagità.

Come il coltivatore raggruppa il frumento nel granaio e brucia la paglia o la usa come fertilizzante, Dio porta il suo "grano" nel cielo e getta la "paglia" nel fuoco dell'inferno.

L'Eterno vuole assicurarsi che conosciamo l'esistenza dell'Ades e dell'inferno, ed infatti, la lava presente sotto la superficie della terra ed il fuoco ci servono da promemoria delle punizioni eterne dell'inferno. Infatti, se sulla terra non avessimo avuto il fuoco o lo zolfo come avremmo potuto immaginare o comprendere, seppure parzialmente, le scene orribili dell'Ades e dell'inferno? Dio ha creato queste cose perché sono necessarie per la coltivazione degli esseri umani.

## La ragione per cui "la paglia" è gettata nel fuoco dell'inferno

Alcuni si chiedono: "Perché l'Iddio d'amore ha preparato

l'inferno? Perché non prevedere una parte del cielo anche per la paglia?"

La bellezza del cielo supera qualsiasi possibile immaginazione o descrizione. Dio, il re del regno dei cieli, è santo, assolutamente senza macchia e difetto e permette soltanto a quelli che fanno la Sua volontà di entrare in cielo (Matteo 7:21). Se i malvagi vivessero in cielo insieme a persone piene di amore e la bontà, la vita sarebbe estremamente difficile e scomoda, il cielo si contaminerebbe. Questa è un'altra delle ragioni per cui Dio ha preparato l'inferno e separa il grano dalla paglia, mettendo il primo in cielo e la seconda in inferno.

Senza l'inferno, il giusto e il malvagio sarebbero costretti a vivere insieme, e se così fosse, in breve il regno dei cieli diverrebbe un porto di oscurità, ripieno di grida, lacrime e agonia, e questo non era lo scopo di Dio per la coltivazione umana. Il cielo è un luogo senza lacrime, dolore, tormento e malattie, è il posto dove Lui condivide l'amore con i suoi veri figli. L'inferno, quindi, è necessario per confinare per sempre nello stesso sito i cattivi e gli indegni - vale a dire, la paglia.

Romani 6:16 dice: *"Non sapete voi che a chiunque vi offrite come servi per ubbidirgli, siete servi di colui al quale ubbidite, o del peccato per la morte, o dell'ubbidienza per la giustizia?"* Può anche darsi che alcuni non lo sappiano, ma, tutti quelli che non vivono secondo la parola di Dio sono schiavi del peccato e del nostro nemico Satana, il diavolo, controllati da lui sulla terra, e, dopo la morte, saranno gettati nelle mani degli spiriti maligni in inferno dove riceveranno ogni genere di punizione.

## Dio ricompensa ognuno secondo le proprie azioni

Il nostro Dio non è solo amore, misericordia e gentilezza ma è anche giustizia e ricompenserà ognuno di noi secondo ciò che abbiamo fatto.

> *"Non v'ingannate, Dio non si può beffare, perché ciò che l'uomo semina quello pure raccoglierà. Perché colui che semina per la sua carne, dalla carne raccoglierà corruzione, ma chi semina per lo Spirito. dallo Spirito raccoglierà vita eterna." (Galati 6:7-8).*

Se semini preghiera, lode, adorazione, riceverai potere dal cielo per vivere secondo la parola di Dio ed il tuo spirito e la tua anima staranno bene. Quando sei fedele nel servizio, quando pianti ubbidienza, ogni parte di te, - spirito, anima, e corpo - ne è fortificata. Quando semini denaro attraverso la decima e le offerte di ringraziamento, sei benedetto finanziariamente in modo abbondante in modo che tu possa seminare ancora di più per il regno di Dio e la sua giustizia. Quando, però, semini malignità, sarai ripagato con l'ammontare esatto della cattiveria che hai seminato. Anche se sei un credente, quando e se semini peccato e anarchia, inevitabilmente affronterai delle prove. Spero che leggendo queste cose tu sia illuminato e impari, con l'aiuto dello Spirito Santo, a seminare ciò che è necessario per ricevere la vita eterna.

In Giovanni 5:28-29, Gesù dice: *"Non vi meravigliate di questo, perché l'ora viene, in cui tutti coloro che sono nei sepolcri*

215

*udranno la sua voce e ne usciranno, quelli che hanno fatto il bene in risurrezione di vita, e quelli che hanno fatto il male in risurrezione di condanna."*

In Matteo 16:27, poi, Gesù ci promette: *"Perché il Figlio dell'uomo verrà nella gloria del Padre suo con i suoi angeli; e allora egli renderà a ciascuno secondo il suo operato."*

Con accuratezza impeccabile, attraverso il Giudizio, Dio ricompenserà con premi appropriati e punizioni adatte ad ognuno secondo ciò che ha fatto. Che un individuo passi l'eternità nel regno dei cieli o all'inferno non dipende da Dio ma dall'uomo che è dotato di libero arbitrio e raccoglierà ciò che ha seminato.

## Dio vuole che tutti ricevano la salvezza

Dio considera ogni persona creata a sua immagine e somiglianza più importante dell'universo intero, e per questo vuole che tutti gli uomini credano in Gesù Cristo e ricevano la salvezza.

### Dio si rallegra anche di più quando un peccatore si pente

Come il pastore che cerca ovunque la sua pecora smarrita, sebbene ne abbia altre 99 nell'ovile, (Luca 15:4-7), Dio si compiace di più quando un peccatore si pente piuttosto che guardare 99 giusti che non sentono il bisogno di pentirsi.

Il salmista scrive nel Salmo 103:121-3 *"Quanto è lontano il levante dal ponente, tanto ha egli allontanato da noi le nostre colpe. Come un padre è pietoso verso i suoi figli, così è pietoso l'Eterno verso quelli che lo temono."* In Isaia 1:18, inoltre, Dio ci fa un invito: *"Venite quindi e discutiamo assieme, dice l'Eterno, anche se i vostri peccati fossero come scarlatto, diventeranno bianchi come neve; anche se fossero rossi come porpora, diventeranno come lana."*

Dio è luce ed in Lui non v'è oscurità. Lui è anche bontà assoluta, Lui aborrisce il peccato, ma quando un peccatore si presenta davanti a Lui e si pente, Egli si dimentica i suoi peccati, abbracciando e benedicendo il peccatore con il suo perdono illimitato ed il suo caldo amore.

Se riesci a comprendere l'amore stupendo di Dio, anche solo in piccola parte, allora devi trattare ogni persona con amore sincero, dovresti avere compassione per quelli che si dirigono verso il fuoco dell'inferno, pregare lealmente per loro, portargli la buona novella. Non solo, quando ti accorgi che dei fratelli sono deboli nella loro fede, fai di tutto per fortificarla ed aiutali in modo che il loro cammino sia diritto.

### Se non ti penti

1 Timoteo 2:4 *"[Dio] vuole che tutti gli uomini siano salvati, e che vengano alla conoscenza della verità."* L'Eterno desidera appassionatamente che tutti sappiano che c'è una possibilità, che ricevano la salvezza e vivano per sempre con Lui, Egli desidera che ogni uomo ed ogni donna sia salvato e aspetta che quanti vivono nell'oscurità e nel peccato si rivolgano a Lui.

Quindi, se nonostante le innumerevoli opportunità di pentirsi che il Signore provvede, gli uomini e le donne non si pentono e muoiono, rimane solo un fatto possibile per loro. Secondo la legge del mondo spirituale, mieteranno quello che hanno seminato saranno ripagati secondo quello che hanno fatto e gettati in inferno.

Io spero che tu comprenda quanto sia immenso e sorprendente l'amore di Dio ma anche la sua giustizia. Puoi ricevere Gesù Cristo ed essere perdonato, e, se vivi e secondo la sua divina volontà splenderai per sempre come il sole in cielo.

## Annunciate il vangelo audacemente

Quelli che conoscono e credono nell'esistenza del regno dei cieli e dell'inferno non possono non aiutare ad evangelizzare, perché comprendono il cuore di Dio il quale vuole che tutti gli uomini ricevano la salvezza.

### Penuria di operai

Romani 10:14-15 ci parla di come Dio si rallegra di quelli che portano la buona notizia:

*"Come dunque invocheranno colui nel quale non hanno creduto? E come crederanno in colui del quale non hanno udito parlare? E come udiranno, se non c'è chi predichi? E come predicheranno, se non sono mandati?*

*Come sta scritto: «Quanto sono belli i piedi di coloro che annunziano la pace, che annunziano buone novelle!».*"

2 Re 5 racconta la storia di Naaman, il comandante dell'esercito del re Siriano Aram. Naaman era considerato un uomo giusto e nobile dal suo re perché aveva salvato molte vite, e per questo, si era guadagnato fama e ricchezza, non gli mancava nulla. Naaman però era lebbroso. In quei giorni la lebbra era una malattia incurabile e considerata come una vera e propria maledizione del cielo. Se avevi la lebbra eri un appestato e tutto ciò che possedevi era inutile, così il valore di Naaman e delle sue ricchezze erano vani, neanche il re che tanto lo stimava, era in grado di aiutarlo.

Puoi immaginare il cuore di Naaman nel vedere il suo corpo, una volta forte e sano, decomporsi e morire di giorno in giorno? Anche i membri della sua stessa famiglia gli si tenevano a distanza temendo il contagio. Il comandante ormai era debole, si sentiva indifeso e solo.

Ma Dio aveva un piano per il famoso comandante siriano. Presso la sua casa lavorava una ragazza, un'adolescente, catturata in Israele, che era a servizio di sua moglie.

### Naaman guarisce

Questa ragazzina, molto giovane, sapeva come risolvere il problema di Naaman. Infatti, la ragazza sapeva che Eliseo, il profeta della Samaria, poteva guarire la malattia del suo padrone.

Con molto coraggio parlò del profeta a Naaman, raccontandogli ciò che sapeva e che credeva, non tenne la sua bocca chiusa, soprattutto perché la sua fede era grande. Dopo aver ascoltato la ragazzina, Naaman preparò delle offerte con massima sincerità ed andò a visitare il profeta.

Sei curioso di sapere cosa successe a Naaman? Guarì, completamente, grazie al potere di Dio manifestato tramite il profeta Eliseo. Non solo, il comandante confessò anche con le sue labbra la: "Ecco, ora riconosco che non c'è alcun DIO in tutta la terra, se non in Israele." (v. 15). Naaman il siro non solo fu guarito della sua malattia, ma risolse anche il problema del suo spirito.

Questa storia fu commentata da Gesù il quale dice in Luca 4:27: *"E al tempo del profeta Eliseo vi erano molti lebbrosi in Israele; eppure nessuno di loro fu mondato, eccetto Naaman il Siro."* Perché solo Naaman il comandante siriano fu guarito anche se c'erano molti altri lebbrosi in Israele? Perché il cuore di Naaman era sincero, lui era buono ed abbastanza umile da ascoltare i consigli di altre persone. Naaman era un gentile, un siriano, ma Dio lo portò sulla strada della salvezza proprio a motivo del suo cuore benigno, della sua fedeltà al re nella funzione di generale, perché sapeva che quest'uomo amava la sua gente a tal punto che avrebbe sacrificato la sua vita per loro.

Comunque, se la ragazzina non gli avesse consegnato il messaggio che attraverso il potere di Eliseo Naaman sarebbe potuto guarire, di certo sarebbe morto da lebbroso e non avrebbe ricevuto la salvezza spirituale. La vita di un guerriero nobile dipese dalle labbra di un'adolescente.

## Audacemente predica il vangelo

Vicino a te ci sono molti Naaman che aspettano che tu apra la bocca. I tuoi "Naaman" soffrono nella vita di tutti i giorni, ma non solo, avanzano verso l'inferno di ora in ora. Che miseria, dopo una vita di sofferenze sulla terra, essere tormentati eternamente in inferno. Ecco perché i figli di Dio devono diffondere audacemente il vangelo, a tutti, e a tutti quelli che soffrono.

L'Eterno si compiace moltissimo quando, attraverso il potere di Dio, le persone prossime alla morte ricevono la vita e quelli che soffrono sono liberati dalle loro afflizioni. Egli fa prosperare i suoi figli che predicano il vangelo perché così facendo rinfrescano il suo spirito. Dio aiuta a guadagnare la fede che occorre per entrare nella città gloriosa della Nuova Gerusalemme, vicino al trono di Dio, quelli che incessantemente vincono anime per Lui. Inoltre, non saranno forse e grati e mostreranno gratitudine verso di te tutte le persone che hanno accettato Gesù Cristo attraverso la tua predicazione e la tua testimonianza?

Se durante la vita sulla terra non si arriva a possedere neanche la fede grande come un granello di senape, la fede per essere salvati, non si avrà mai più una seconda opportunità di salvezza. Rimangono solo la sofferenza, l'agonia, il lamento e lo stridore dei denti in eterno.

Sii cosciente di una cosa importante. Tu hai sentito il vangelo ed accettato il Signore grazie al sacrificio incommensurabile e alla dedicazione che i padri della fede hanno sostenuto, c'è chi è stato ucciso con la spada per questo, c'è chi è stato gettato da un precipizio perché predicava il vangelo e ci sono quelli che sono stati dati in pasto alle bestie feroci ed affamate per aver diffuso la buona notizia.

E tu? Cosa devi fare ora che sei stato salvato dall'inferno? Devi fare del tuo meglio, consegnando più anime che puoi nelle braccia del Signore e salvarle dall'inferno. In 1 Corinzi 9:16, l'apostolo Paolo confessò la sua missione con un cuore che brucia di passione: *"Infatti, se io predico l'evangelo, non ho nulla da gloriarmi, poiché è una necessità che mi è imposta; e guai a me se non predico l'evangelo!"*

Io spero dal profondo del mio cuore che anche il tuo cuore bruci di passione per Dio e che anche tu possa portare alla salvezza molte anime, facendo sì che scampino dalla punizione eterna dell'inferno.

Ora, attraverso questo libro conosci questo luogo orribile e disgraziato chiamato inferno. Per questo prego che tu senta e comprenda l'amore di Dio il quale non vuole perdere neanche una persona, e che la tua vita cristiana sia vissuta in allerta, che tu sia consapevole del bisogno che le anime hanno di ascoltare il vangelo.

Agli occhi di Dio tu sei più prezioso del mondo intero, più degno di tutto l'universo, perché sei stato creato a sua immagine, ecco perché non devi peccare, non devi opporgli resistenza e finire così in inferno come uno schiavo, ma crescere nella tua condizione di vero figlio di Dio che cammina nella luce, agisce e vive secondo la verità.

Con lo stesso grado di delizia con cui Dio creò Adamo, oggi i suoi occhi sono puntati su di te, perché tu comprenda il suo cuore, maturi rapidamente nella fede e raggiunga la misura della pienezza di Cristo.

Prego nel nome del Signore Gesù Cristo che se ancora non lo conosci tu lo accetti immediatamente, ricevendo così benedizioni ed autorità, quelle che spettano ad un figlio prezioso di Dio, così da essere veramente il "sale della terra e la luce del mondo" per condurre innumerevoli anime sulla via della salvezza!

## Note sull'autore
# Dott. Jaerock Lee

Il Dott. Lee è nato nel 1943, a Muan, in provincia di Jeonnam, nella Repubblica della Corea. Intorno ai vent'anni iniziò a soffrire di varie malattie incurabili. Dopo sette anni di sofferenza e senza alcuna speranza di guarigione, non gli restava che aspettare la morte. Un giorno, nella primavera del 1974, fu condotto in una chiesa da sua sorella e come si inginocchiò per pregare, l'Iddio vivente lo guarì immediatamente da tutte le sue malattie.

Dall'istante in cui ha incontrato l'Iddio vivente attraverso quell'esperienza meravigliosa, lo ha amato con tutto il suo cuore e tutta la sincerità di cui era capace. Nel 1978 fu chiamato ad essere un servitore di Dio. Seguì un periodo di preghiera profonda in modo da comprendere e compiere chiaramente la Sua volontà. Nel 1982, ha fondato la Chiesa Centrale del Ministerio Manmin in Seoul, Sud Corea e compiuto innumerevoli opere per mano di Dio, incluse guarigioni miracolose e molti miracoli.

Nel 1986, Il Dott. Lee è stato ordinato pastore durante la Riunione Annuale della Jesus' Sungkyul Church of Korea, e quattro anni più tardi nel 1990, i suoi sermoni cominciarono ad essere trasmessi in onda dalla Far East Broadcasting Company, dalla Asia Broadcast Station, and the Washington Christian Radio System fino in Australia, Russia, Filippine e molte altre nazioni.

Tre anni più tardi nel 1993, la Manmin Central Church è stata nominata tra le «50 Chiese più grandi del mondo» dal periodico cristiano *«Christian World Magazine»* (Stati Uniti). Inoltre, il Dott. Lee ha ricevuto un Dottorato Onorario presso l'università cristiana, «Christian Faith College»,

Florida, Stati Uniti e nel 1996 un Dottorato Ministeriale presso l'università teologica «Kingsway Theological Seminary», Iowa, Stati Uniti.

Dal 1993 il Dott. Lee ha intrapreso la direzione di una visione missionaria mondiale esplicitandola attraverso crociate all'estero, di cui alcune svoltesi a Los Angeles, Baltimora, New York (Stati Uniti), Tanzania, Argentina, Uganda, Giappone, Pakistan, Kenia, la Filippine, Honduras, India, Russia, Germania, Perù, nella Repubblica Democratica del Congo, Israele e Estonia. Nel 2002 molte riviste e giornali cristiani in Corea lo hanno definito «pastore mondiale» in riferimento al suo lavoro missionario all'estero.

Ad oggi, agosto 2014, la Chiesa Manmin Centrale è una congregazione che conta oltre 120.000 membri e 10.000 chiese affiliate, nazionali ed estere, ha commissionato più di 123 missionari in 23 paesi, inclusi Stati Uniti, Russia, Germania Canada, Giappone Cina, Francia India, Kenia ed altri.

Fino a questo momento Il Dott. Lee ha scritto 93 libri, inclusi i best-seller: *Gustare la Vita Eterna prima della Morte, La Mia Vita, La Mia Fede, Il Messaggio della Croce, La Misura della Fede, Cielo I e II, Inferno,* e *La potenza di Dio,* tradotti in più di 76 lingue.

Il Dott. Lee è attualmente fondatore e presidente di un notevole numero di organizzazioni missionarie, oltre ad essere il presidente della chiesa «United Holiness Church of Jesus Christ», delle missioni mondiali Manmin, del «GCN», network coreano di televisioni cristiane, del «WCDN» il primo network mondiale di medici e dottori cristiani e del «MIS» il seminario internazionale del ministerio Manmin.

### *Il Cielo I: Luminoso e Meraviglioso come il Cristallo*

Uno schizzo dettagliato dell'ambiente vivente e sfarzoso che i cittadini del Cielo godono, al cospetto della gloria di Dio; una descrizione totale del cielo, il cui regno consiste di cinque livelli.

### *Il Cielo II: Ripieno della Gloria di Dio*

Un invito per la Città Santa, la Nuova Gerusalemme, le cui dodici porte sono composte da scintillanti perle; essa risiede al centro di un immenso cielo ed è risplendente come gioielli preziosissimi.

### *Il Messaggio della Croce*

Un messaggio potente e rinvigorente per tutti quelli che sono spiritualmente sonnecchianti. In queste pagine troverete l'amore vero di Dio e le ragioni per cui Gesù è l'unico Salvatore

### *Gustare la Vita Eterna Prima della Morte*

La memorabile testimonianza del Reverendo Dott. Jaerock Lee che, nato di nuovo, ha raggiunto la salvezza attraverso la valle della morte e conduce una vita cristiana esemplare.

### *La Misura della Fede*

Che tipo di abitazione, corona e ricompensa sono state preparate per te in cielo? Questo libro ti equipaggia con saggezza e con una linea guida per misurare la tua fede e coltivarla in modo che raggiunga la maturità.